シリーズ 教えているかどり先生！②

特別支援教育の**生活単元学習**
子どもがワクワク学ぶ**教材＆活動**

💡 アイデア図鑑 📖

120

著 いるかどり

時事通信社

は じ め に

子どもたちの困りごとを単元化して学びを深めましょう

　本書を手に取ってくださり、誠にありがとうございます。本書のテーマは、各教科等を合わせた指導「生活単元学習」です。実践してきた題材１２０個のアイデアと共に生活単元学習の楽しさが伝わることを願いながら執筆をしました。

　実際に、生活単元学習の授業を考えるときには「教師の意図する教育課程の中で、子どもたちの興味関心に合わせて、子どもたちと相談する」ことを大切にしています。どの教科・領域でも大切なことだと思いますが、生活単元学習では、特に意識をして授業づくりをしています。本書に出てくるアイデアは、子どもたちの「やりたい！　できるようになりたい！」といった声がたくさん詰まっています。

■ 生活単元学習を計画するコツは個別目標の設定と単元の設定を同時進行で考えること

　「個別の指導計画（実態把握と目標設定）」と「題材の直感的アイデア（単元計画や題材の選定）」を基に、同時進行して考えることで、計画が深まっていきます。子どもたちの興味関心や生活年齢などを考慮しながら計画をしていきます。子どもたちが、主体的に楽しみながら学習する姿を想像しながら設定してみましょう。

■ 各教科等を合わせた指導は各教科等の力を発揮する学び

　各教科等を合わせた指導では、授業の中で、各教科等の学習を総合的に学ぶことができるという視点を大切にしましょう。例えば、生活単元学習「夏のお店屋さん」という単元で、「商品は同じ大きさに分けてきれいに並べましょう」という授業の場面があります。この場面では、教師の指示を理解する力は国語、同じ大きさに分ける力は算数、整頓（きれい）して並べる力は生活科のように各教科等の力を発揮する場面があります。子どもたちがこれ

までに学習したこと、自分自身の力をイキイキと発揮することができるように計画をしていきましょう。

■ 生活単元学習＝実際の生活や学校生活を単元化する学び

生活単元学習はどんな学びなのでしょうか。例えば、学校行事を例に考えてみます。学校行事は単発や数日間で開催されるものが多いですが、生活単元学習は、行事を単元化することで、数週間程度の期間を計画して授業が展開することができます。学校行事と生活単元学習の一体的な指導を行うことで、学校行事への学びを深めていきます。大切なことは、学校・学年・学級の実態、子どもたち一人ひとりの実態に応じて単元計画を考えることです。

■ 子どもたちの興味関心に合わせた単元テーマを計画する

特別支援学級や特別支援学校には、様々な実態の子どもたちが在籍しています。そのため、生活単元学習も各教科等と同様に、子どもたちの実態に応じて教育課程を計画することが大切です。ときには、子どもたちと一緒に相談をしながら、子どもたちの興味関心を大切にしながら授業を創造していくことが重要だと考えます。生活上の課題、学校行事、季節や季節の行事、人と交流する活動、作る活動、宿泊や旅行、働く活動、劇・音楽・スポーツ活動など、主とする単元のテーマを設定しながら計画してみましょう。

はじめて特別支援学校や特別支援学級の担任になった先生の授業づくりのヒントとして、これまで経験のある先生の新たな視点として、少しでもお役に立てたら嬉しいです。ぜひ、目の前の子どもたちのことを想像しながら読んでみてください。子どもたちが主体的に学びに参加できる授業づくりができるように最善を尽くしていきましょう。

たくさんの愛を込めて……

いるかどり

- はじめに …………………………… 2
- もくじ …………………………… 4

年度はじめ

1 自己紹介シート ………………… 6
2 よろしくねシールで交流をする … 7
3 学校探検 …………………… 8
4 使う場所だけ学校マップ ……… 9
5 赤白ひっくり返しゲーム ……… 10
6 ストップゲーム！フラフープに入ろう 11
7 写真で宝探し！　先生はどれかな？… 12
8 名刺交換 …………………… 13
9 どんな1年になるかな予報 ……… 14
10 1年間進化し続けるクラス美術館… 15

季節を感じる

11 ビンゴカードで春探し ………… 16
12 買って育てる経験 ……………… 17
13 みんなで花咲かじいさん ……… 18
14 トイレットペーパーの芯でスタンプ… 19
15 オリジナルブーケづくり ……… 20
16 大好きな人にプレゼント ……… 21
17 兜を作ってかぶる ……………… 22
18 スイスイこいのぼり大集合 …… 23
19 これで安心！　畑作業 ………… 24
20 野菜スタンプで作品づくり …… 25
21 みんなで教室に魚を泳がせる …… 26
22 消しゴムスタンプ ……………… 27
23 七夕会に来てくれるかな？ …… 28
24 「成長短冊」を書く …………… 29
25 夏を味わいつくす ……………… 30
26 見つけた葉っぱでスタンプ …… 31
27 秋を味わいつくす ……………… 32
28 落ち葉探し …………………… 33
29 お月見会で秋を感じる ………… 34

30 紙粘土でお団子づくり ………… 35
31 ハロウィンで学びがいっぱい！… 36
32 キラキラお化けの製作 ………… 37
33 秋のさつまいものつるをリメイク… 38
34 さつまいものつるを乾かす …… 39
35 ど迫力クリスマスリースづくり… 40
36 わたし専用工房 ………………… 41
37 黒画用紙で結晶観察 …………… 42
38 お気に入りの結晶の拡大スケッチ 43
39 毛糸を感じる指編み …………… 44
40 みんなの「雪だるま」大集合 …… 45
41 年賀状のきほんのき …………… 46
42 安全にできる3色版画 ………… 47

先生や友だち

43 いろいろ学べる魚釣り大会 …… 48
44 ネットで魚を調べる …………… 49
45 コロコロランドでビー玉転がし… 50
46 合体コロコロランド …………… 51
47 新聞紙ビリビリ ………………… 52
48 穴くぐり …………………… 53
49 休み時間へ招待 ………………… 54
50 ボードゲーム大会で大盛り上がり 55
51 みんな大好きわたあめ屋さん …… 56
52 わたあめづくり ………………… 57
53 校外学習 学校探検に参加する … 58
54 わたしの発見ポイント ………… 59
55 文通楽しいね …………………… 60
56 もらった作品を掲示する ……… 61

行事

57 自分の力で班行動に参加する …… 62
58 自由行動を楽しむ ……………… 63
59 万国旗で盛り上げる …………… 64
60 名場面を絵に残す ……………… 65

61	UD 応援フラッグ	66
62	見どころカード	67
63	やる気を引き出す班と役割決め	68
64	調理実習の道具・材料をそろえる	69
65	行き方をリサーチ	70
66	IC カードのタッチ＆ゴー練習	71
67	しおりの使い方を知る	72
68	リュックの詰め方レッスン	73
69	電車や施設の約束を知る	74
70	布団をたたむ	75
71	コツコツ証書トレーニング	76
72	感謝の気持ちを伝える	77

カフェ

73	ステップ① カフェ見学	78
74	ステップ② 注文をする	79
75	ステップ③ STAFF シャツづくり	80
76	ステップ④ 役割を決める	81
77	ステップ⑤ 注文票にメモを取る	82
78	ステップ⑥ 先生たちを招待する	83
79	ステップ⑦ オリジナルグッズを作る	84
80	ステップ⑧ オリジナルグッズの売上の計算・管理	85
81	ステップ⑨ ご来店ありがとうございました。	86
82	ステップ⑩ スキルアップ会議	87

地域

83	ほめほめタイム	88
84	わたしができるようになったこと	89
85	劇遊び	90
86	個に応じたお面を作る	91
87	対面とオンラインの同時発表	92
88	思い出の写真でふりかえり	93
89	順番に成長したこと発表する	94

90	ビデオで発表	95
91	清掃する場所みっけ	96
92	教えて！ 技能員（用務員）さん	97
93	ゴミの分別について知る	98
94	分別にチャレンジ	99
95	掃除用具に触れる	100
96	畑もきれいに	101
97	お花を植える美化活動	102
98	植えたお花を観察する	103
99	公園を使ってみる	104
100	覚えた知識で遊ぶ	105
101	横断歩道のルールを知る	106
102	信号機の色でストップゲーム	107
103	自動販売機で飲み物を買う	108
104	お金をぴったりだす	109
105	買い物体験	110
106	大事なお金のしまい方	111
107	年下の子と遊ぶ	112
108	小学校の様子を園児に伝える	113

年度末

109	卒業生に向けて教室を飾る	114
110	お花紙でお花を作る	115
111	巨大パズルをプレゼント	116
112	せんせいで大根抜き	117
113	自分なりに送る会に参加する	118
114	色紙をプレゼント	119
115	進級マインドセットづくり	120
116	小さいお花紙でお花を作る	121
117	ウェルカムボードづくり	122
118	歓迎メダルづくり	123
119	次の学年にレベルアップ大作戦	124
120	目標をクリアして進級チケットをゲット！	125

● おわりに … 126

年度はじめ〜はじめましてよろしくね〜

1 先生や友だちの顔と名前を覚える
自己紹介シート

準備するもの　・ワークシート　・写真　・黒ペン　・ラミネート

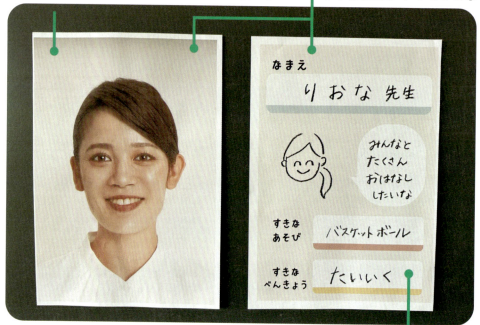

ラミネート加工をすると年間掲示しても破けない

まずは教師がやってみせる

何を書けばよいのか悩んでいたらどんどん長所を伝えてあげる

困りごと ＆ アセスメント

Q ４月に学級の仲間意識が芽生えるような活動をしたいです。どんな活動をすればよいでしょうか。

A 全員で自己紹介シートを作成して掲示をしてみてはいかがでしょうか。会話をしながら、楽しく取り組みましょう。

実践の流れ

1. 見本として教師が好きな遊びなどを紹介します。
2. ①の話をもとに、自己紹介シートに記入をします。
3. 子どもも同じように自己紹介し自画像を描いたり、写真を貼ってシートを完成させます。

いるかどり先生からの アドバイス

- 学級開きの時期には、先生や友だちのいいところ、すてきなところに注目できるようなワークシートを作成しましょう。
- 子どもたちの実態に応じて、書く内容（文字や絵など）や書く媒体（紙や電子データなど）を選択できるように複数準備しておくと、生活年齢に合った活動をすることができます。

応用編

2 よろしくねシールで交流をする

自己紹介カードを作成した後に、掲示をして終わってしまうのは、もったいないと思います。「自分のことを知ってもらえた」「自己紹介カードを読んでもらえた」という経験は、学級への帰属感へつながっていくので、交流ができるような活動を取り入れてみましょう。シールを貼るなど手軽に無理なくできる教材がおすすめです。

準備するもの
- 好きなキャラクターシール
- 自己紹介カード

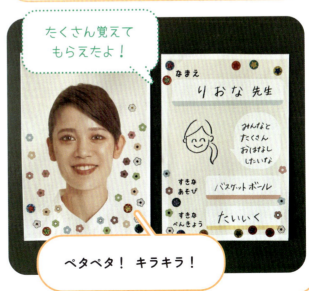

たくさん覚えてもらえたよ！

ペタペタ！ キラキラ！

年度はじめ〜はじめましてよろしくね〜

3 教室の名前を覚える
学校探検

準備するもの
- 教室や校庭の写真
- 探検バック
- ペアが分かるリボン

一緒に歩いて、見て、確認して覚える！

ここで絵を描きたいなー

ここは図工をする場所だよ

困りごと ＆ アセスメント

Q 登校をしたときに、自分の在籍する学級まで自力でたどり着くことができない子がいます。

A 在籍する学級を覚えることは、学校生活に慣れる第一歩です。一緒に歩き、見て、確認し、記憶できるようにしましょう。

実践の流れ

① 学校生活で使用する教室を確認します。
② １年生が教師や高学年とペアを組めるように配慮します。
③ 教室の特徴を説明しながら学校探検をします。

いるかどり先生からのアドバイス

☑ はじめての場所を記憶することが難しい場合には、教師や高学年と一緒に移動をしながら、リラックスできるように活動を進めていきましょう。「校長室では、校長先生に会えるよ」「校庭では、おにごっこをするよ」など、記憶に残りやすいように「〜ができる場所」と期待感が高まる声かけをしましょう。

応用編

4 使う場所だけ学校マップ

学校生活の中で児童が使用する場所だけを記したマップを作成します。情報量をできるだけ少なくし、記憶に残りやすいように配慮をします。子どもたちと一緒に学校探検に行った際には、カメラを持参して、教室の様子を撮影しましょう。学級掲示や予定表に覚えたい場所の写真を貼ることで、視覚支援にもつながります。

準備するもの
・画用紙に印刷した学校マップ
・色鉛筆 ・カメラ

交流学級はどこかな？

年度はじめ〜はじめましてよろしくね〜

5 先生や友だちと交流する
赤白ひっくり返しゲーム

準備するもの
・片面に赤く色をつけた紙皿 30 枚

- 全部赤色にするぞー
- シンプルなので最初の交流にぴったり！
- 先生も全力でひっくり返すぞー
- とにかく楽しい！

困りごと & アセスメント

Q 4月、子どもたち同士が交流できて盛り上がる活動はありますか？ 年間を通して楽しめる活動がいいです。

A 年間であれば、ルールが単純で室内ででき、体を動かしながら教師や友だちと交流できる活動を取り入れましょう。

実践の流れ

1. 紙皿には赤い面と白い面があることを確認します。
2. 個々の実態に合わせて時間（1プレイ30秒など）を決めます。
3. 赤チームと白チームに分かれて紙皿をひっくり返します。

いるかどり先生からのアドバイス

- ✓ ①自分の色を知ります。②紙皿をひっくりかえします。③タイマーが鳴ったらおわりです。④色の多いチームが勝ちです。という単純な活動でありながら、短時間で盛り上がります。
- ✓ 負けを受け入れることが苦手な子もいるので、取り組んでいる様子や応援・協力する様子を多くほめましょう。

応用編

6 ストップゲーム！ フラフープに入ろう

負けることのないストップゲームです。人数分のフラフープを用意します。その際、フラフープの大きさは、大きいものや小さいものなど様々あると楽しいです。BGMを流し、音が止まったらフラフープに入ります。友だちと一緒に入ることも正解、一人で入ることも正解、それぞれの楽しみ方で参加できるゲームです。

準備するもの
- ピアノなどのBGM
- フラフープ人数分

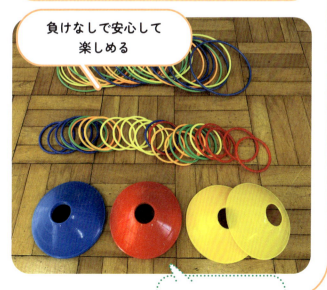

負けなしで安心して楽しめる

二人でバランスをとろう

年度はじめ～はじめましてよろしくね～

7 先生の顔を覚える
写真で宝探し！　先生はどれかな？

準備するもの　・印刷した先生の写真

> ワクワク気分とともに先生を探す！

困りごと ＆ アセスメント

Q 子どもたちが教師の名前を知ることができる活動はありますか？　楽しい活動にしたいです。

A 宝探しのようにワクワクした気持ちで活動したいですね。教師の顔を写真で示し、校内に先生探しにいきましょう！

> **実践の流れ**

① 記憶したい先生を写真で撮影し、掲示物を作成します。
② 校内に隠れた教師を写真で示します。宝は教師が持ちます。
③ 校内に教師を探し、見つけたら名前を呼んでお宝GETです。

> **いるかどり先生からのアドバイス**
>
> ✓ 教師の顔と名前を覚えることについて、子どもたちにとって、どんなメリットがあるのでしょうか？　子どもたちが、教師の顔と名前を覚えてよかったと思えるように、ワクワク！ドキドキ！楽しい活動にしましょう。「あの先生と一緒にいたら楽しい。心地よい」と感じることで自然と顔と名前を覚えます。

応用編

8 名刺交換

家に帰ったあとに保護者との会話の中で名刺を示したり、放課後等デイサービスに通所したときに職員との会話の中で名刺を示したりすることで会話の中に学校や教師の話題が入ります。教師と保護者のコミュニケーションのツールとしても、保護者と子どものコミュニケーションのツールとしても活躍するので、おすすめです。

準備するもの　・手のひらサイズの画用紙　・顔の写真

よろしくお願いします。

コミュニケーションのきっかけになる！

年度はじめ〜はじめましてよろしくね〜

9 1年間の見通しをもつ
どんな1年になるかな予報

準備するもの ・〇月カード

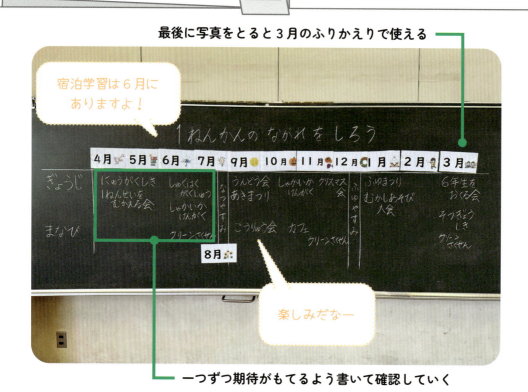

困りごと ＆ アセスメント

Q カレンダーが読めない子どもたちに、どうやって1年間の見通しをもってもらえばいいのでしょうか？

A 1年間を四季や行事で考えると見通しをもてることがあります。黒板全体を使って1年間の活動を確認してみましょう。

実践の流れ

1. 4月〜3月までの〔〇月カード〕を黒板に貼ります。
2. 季節や学年を記入して年間へのイメージを高めます。
3. 学校行事を記入して学期や学校生活へのイメージを高めます。

いるかどり先生からの アドバイス

- 子どもたちとどのような一年にしていきたいですか？「笑顔いっぱいの一年」「いろいろなことに挑戦する一年」など、子どもたちが理解できる言葉で伝えていきましょう。
- 授業が終わったあとには、板書した内容を写真で撮影して記録に残しましょう。3月の振り返りで活用できます。

応用編

10 1年間進化し続けるクラス美術館

前事例の授業の板書で使用した12ヶ月分の〔〇月カード〕を教室後ろや廊下などの掲示スペースに貼ります。毎月の季節の製作や図画工作の作品、学校行事の写真などを掲示して、季節感を感じるとともに、いまが何月なのかを視覚的に理解できるようにします。3月が終わる頃には、彩り豊かな壁面になっていることでしょう。

準備するもの　・〇月カード　・1年間の作品

季節の移り変わりと「今」が理解できる

1年間の思い出が残ります

春を感じる

11 春を見つける
ビンゴカードで春探し

準備するもの：・探検バック　・春のビンゴカード

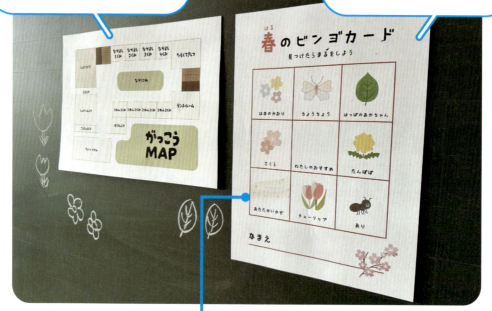

外に出るのが楽しくなる！

よく観察するようになる

校内で見つけられるものをビンゴにいれる

困りごと & アセスメント

Q 春探しにいっても、なんとなく歩いている子が多数います。どんな工夫をすればよいでしょうか？

A 季節感とゲームのようなワクワク感をミックスした教材を作成して、楽しく目的をもって春探しをしましょう。

実践の流れ

1. 事前に校庭や中庭などを下見してビンゴカードを作成します。
2. 前時もしくは本時の導入で、春について学習します。
3. ビンゴカードをもって春を探しにいきます。

いるかどり先生からのアドバイス

- ビンゴカードでビンゴを達成することが目的ではないので、景品などを出すわけではありませんが、「春をたくさん見つけたね」という満足感を得るために、シールを貼ったり、色を塗ったり、スタンプを押したりして活動を盛り上げましょう。カードは「探すものが明確になる」という支援にもなります。

応用編

12 買って育てる経験

学校の近隣に種や球根を売っているお店があれば、子どもたちと一緒に買い物学習をするのも楽しいです。種や球根を買って育てることで、主体的に自然に触れる機会を増やします。
畑や花壇の面積にもよりますが、可能であれば、年間を通して開花や収穫を楽しむことができるように計画的に育てていくことがおすすめです。

準備するもの
- 植物の種
- ペットボトルやジョウロなど

主体的に育てられるようになる

赤いお花がさいたよ

春を感じる

13 春の壁面製作
みんなで花咲かじいさん

準備するもの　・全判画用紙（ラシャ紙）　・お花紙　・のり

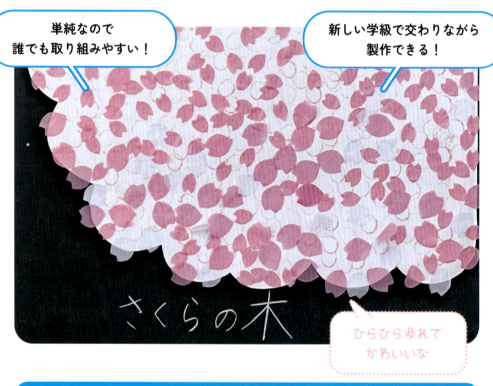

- 単純なので誰でも取り組みやすい！
- 新しい学級で交わりながら製作できる！
- ひらひらゆれてかわいいな

困りごと ＆ アセスメント

Q 1年生の子どもたちでも学級全体で簡単にできる壁面製作はありますか？　可能であれば大きなものがいいです。

A 年度始めは「貼るだけ」「押すだけ」など単純な活動がおすすめです。全判画用紙を活用して大きな作品にしましょう。

実践の流れ

1. 事前準備として、桜の花びらを切っておきます。
2. 事例14の絵の具スタンプを全判画用紙に押して背景を描きます。
3. 液体のりを使って、花びらの形をしたお花紙を貼ります。

いるかどり先生からのアドバイス

- 今回は、トイレットペーパーの芯に絵の具をつけてスタンピングを楽しみ、その上から花びらの形をしたお花紙を液体のりで貼りました。子どもたちの実態に合わせて、絵の具チーム、のりチームのように役割を分けると個別目標を設定しやすくなります。声かけは季節感を感じられるものにしましょう。

応用編

14 トイレットペーパーの芯でスタンプ

トイレットペーパーの芯やペットボトルのキャップなどは、身近にあり、手に入りやすい材料です。円を表現したいときやたくさんの材料が必要なときにおすすめです。後からお花紙を貼って完成させるので、スタンピングをするときには、水の量が多くならないように気をつけましょう。

準備するもの　・絵の具　・トイレットペーパーの芯

身近な素材でできる！

ポンポンたのしいな

春を感じる

15 プレゼントづくり
オリジナルブーケづくり

準備するもの　・画用紙　・レース　・ハサミ　・のり

自分で使える道具やり方を選んで作れる！

わたしはこのレースにしたよ

子どもの実態に合わせて作り方は柔軟に対応する

困りごと & アセスメント

Q 友だちや家族にプレゼントする活動を取り入れたいです。見栄えして簡単なものはありますか？

A 同じテーマでもアイデアに個々の学習目標をあてはめて製作を進めることで、充実した学びになります。

実践の流れ

❶ 子どもが自分でできるやり方で花を作ります。
❷ 花を土台の画用紙に貼ります。
❸ 土台の画用紙を折り、レースなどを貼って完成です。

いるかどり先生からのアドバイス

☑ 今回は、ハサミの活用とのりの活用がメインとなるプレゼントを考えてみました。「丁寧に切る」「たくさん貼る」など実態に合わせて気持ちを込めることができます。

☑ 見栄えするポイントとしてレースをつけてみました。これも子どもたちが自分で貼り付けることができます。

応用編

16 大好きな人にプレゼント

プレゼントは、気持ちを込めて作ることが大切です。まずは、私たち教師が、子どもたちの行動を具体的に言葉で表現して指導しましょう。お花をたくさん貼って気持ちを表現した子であれば、「たくさんお花が貼ってあるね。大好きな気持ちが伝わるね。～さんも喜ぶね」と褒めます。子どもに伝わる声かけをしましょう。

準備するもの
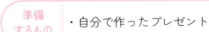
・自分で作ったプレゼント

相手を喜ばせる経験ができる！

いつもありがとう

春を感じる

17 こどもの日を知る
兜を作ってかぶる

準備するもの　・新聞紙や画用紙　・折り紙　・両面テープ　・輪ゴム

かんたんな製作を通じて意味を学べる

子どもの日ってうれしいね！

画用紙を丸める

困りごと ＆ アセスメント

Q 子どもの日に何をしたらいいでしょうか。また女の子も一緒に活動していいでしょうか？

A 兜を作って意味を学びましょう。性別に関係なく子どもたちの成長を願う日だと伝えます。

実践の流れ

❶ クレヨンで線や模様を描きます。
❷ 画用紙を頭のサイズに丸めて、両面テープで固定します。
❸ 折り紙などで飾りをつけて完成です。

いるかどり先生からのアドバイス

- 日本の行事を取り扱うときには、由来を学ぶことも大切ですが、学級の子どもたち全員が楽しく参加できるように進めることが重要です。
- 教師が全部作成するのではなく、少しでも子どもたちが自分で製作することができるように手順表などを作成しましょう。

応用編

18 スイスイこいのぼり大集合

子どもの日といえば、こいのぼりですね。子どもたちが作ったこいのぼりを集めて大きなこいのぼりにすると盛り上がります。もちろん、持ち帰ることができるように手持ちこいのぼりを製作するのも楽しいです。大きなポリ袋などで製作をして、校庭でこいのぼりを空に泳がすと在校生全員で楽しむことができます。

準備するもの　・画用紙　・絵具　・模造紙

共同作品づくりを体験できる

みんなの作品を合わせると大きなこいになったよ！

夏を感じる

19 自然に触れる これで安心！ 畑作業

準備するもの　・苗　・肥料　・スコップ　・シャベル　・じょうろ

通り道は広くした方が、作業がしやすい

前向きに作業できるようになる！

担当する場所を学習の最初に必ず伝える　　座る場所を示す

困りごと & アセスメント

Q 生単で畑づくりをしますが、土や汗で手や洋服が汚れてしまうことが嫌で、なかなか作業に取り組むことのできない子がいます。

A 事前に軍手を使ってもよいことや、着替えをしてもよいこと、持ち場などを伝え、安心して取り組めるようにしましょう。

実践の流れ

① どんな野菜を育てたいか聞き、野菜の苗を植えます。
② 水やり、肥料撒き、草むしりをして、成長を待ちます。
③ 野菜を収穫して、調理の学習につなげます。

いるかどり先生からのアドバイス

- ☑「どんな野菜を育てたいか」や「野菜を使ってどんな料理を作りたいか」を子どもたちに聞き、主体的に学習に取り組めるようにしましょう。
- ☑「実ができたよ」「花が咲いたよ」など、子どもたちが野菜の成長を日々実感できるように、声かけを行いましょう。

応用編

20 野菜スタンプで作品づくり

自分たちで食べるだけでなく、切れ端までを画材に利用すると教科横断的な学びになります。野菜スタンプにして作品を作る活動に取り組んでみるのもおすすめです。栄養教諭や調理員さんから、給食で出た野菜の使わなかった部分をもらい、野菜スタンプに活かすと、よりバリエーションに富んだ作品作りができます。

準備するもの
・黒画用紙　・版画用絵の具
・野菜の破片

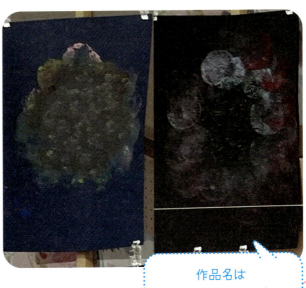

作品名は「打ち上げ花火」だね

夏を感じる

21 夏の壁面製作
みんなで教室に魚を泳がせる

準備するもの　・消しゴム　・絵の具　・ローラー　・造花

みんなで大きなものを作る経験ができる！

アクセントに立体のひまわり

消しゴムスタンプがかわいいね

ローラーで海草を描く

困りごと & アセスメント

Q いつも個別の作品づくりになってしまいます。共同製作するアイデアはありますか。夏をテーマにしたものがいいです。

A 消しゴムで魚を作成すると大きな模造紙にスタンプをするだけでたくさんの魚を表現できるのでおすすめです。

実践の流れ

1. 消しゴムを切って魚のスタンプを作ります。
2. ローラーで海藻を表現します。造花を貼ります。
3. 魚のスタンプを使って、たくさんの魚を表現します。

いるかどり先生からのアドバイス

✓ 夏を感じられるものはたくさんあります。子どもたちが調べたり、見つけたりした「夏のもの」をひとつの作品に集めたら、想像もできないような素敵な作品になります。今回は、子どもたちの発想で、海にひまわりを浮かべてみました。ぜひ、子どもたちのアイデアを作品に取り入れてみてください。

応用編

22 消しゴムスタンプ

今回は、たくさんの魚を表現したいということで、スタンピングで表現をしました。100円均一ショップで消しゴムスタンプ用の大きなサイズの消しゴムを購入し、子どもたちが描いた魚の絵を教師がカットしました。スチレンボードよりスタンプの形が崩れにくいので、たくさんスタンプするときにおすすめです。

準備するもの：・大きいサイズの消しゴム　・絵の具

入手しやすく作りやすい

わたしの魚がスタンプになったよ！

夏を感じる

23 七夕を知る
七夕会に来てくれるかな？

準備するもの　・輪飾り　・短冊

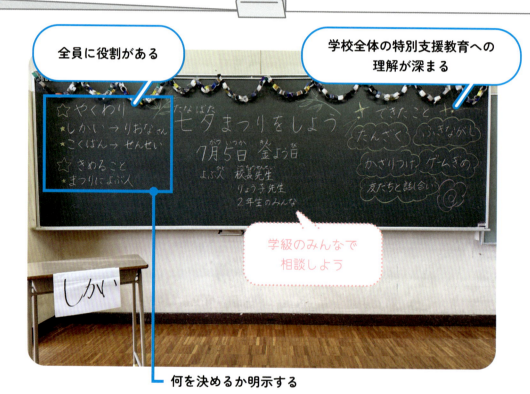

- 全員に役割がある
- 学校全体の特別支援教育への理解が深まる
- 学級のみんなで相談しよう
- 何を決めるか明示する

困りごと & アセスメント

Q 普段あまり交流のない先生を巻き込んだ単元を計画したいです。何かよい方法はありますか？

A 誕生会や七夕会などで、子どもたち全員に役割を与え、誰を招待するかなどを決めましょう。

実践の流れ

① イベントを企画します。（いつ・どこ・だれなど）
② 先生を招待する方法を話し合い、決定します。
③ 七夕会当日の役割を決めます。

いるかどり先生からの アドバイス

✓ 短冊づくりや輪飾りづくりなど、これまでに準備してきたことを振り返る時間を設定することで、達成感や満足感を高めることができます。校長先生や教頭先生などを同時刻に招待することは難しい場合が多いので、イベントの時間を区切ったり、連日開催するなど、学校運営に支障がないように配慮しましょう。

応用編

24 「成長短冊」を書く

子どもたちと短冊を書く時間はとても幸せな時間です。子どもたちが「自分のなりたい姿」を想像しながら文を書いているときには、前向きな声かけをするようにしましょう。授業の導入では、絵本や紙芝居などで、七夕の物語りを読み聞かせするなどして、イメージを高めてから活動することをおすすめします。

準備するもの：・画用紙 ・紙紐 ・モール ・笹 ・おりがみ

欲しいものではなく努力して叶えるものを書くと、日々の目標になる！

夏を感じる

25 夏探し　夏を味わいつくす

準備するもの　・葉っぱ　・絵の具　・立体の素材（ぷちぷちの梱包材など）

共同製作で迫力ある作品ができる！

見つけたものを活用する経験ができる

見つけた花で製作してみようよ

困りごと ＆ アセスメント

Q 夏探しをしますが、花や葉っぱを見つけるだけで終わってしまいます。何か次の活動はありますか。

A 子どもたちが夏をテーマに「何をやりたいか」を形にすると活動がつながっていきます。

実践の流れ

1. タブレットや図鑑で夏の花を調べます。
2. 校庭や中庭で夏の植物の葉を集めます。
3. 葉っぱや素材を使って、スタンピングで表現をします。

いるかどり先生からのアドバイス

- 導入では、タブレットで検索をしたり、図鑑で調べたりすることも学びになりますが、五感にアプローチして記憶に残りやすいように見たり、触れたりできるような活動にしましょう。
- 夏には、暑い気候を生かしたいろいろな活動ができます。砂場で水を流したり、水鉄砲を作って水遊びをしたり、暑さを楽しめるような涼しい活動を取り入れましょう。

応用編

26 見つけた葉っぱでスタンプ

夏の植物の葉は、青々として力強いものが多いです。朝顔やひまわりなど、表現したいテーマを決めて花の輪郭をイメージしたときに、どの植物の葉っぱがイメージに近いのかを、直接見たり、触れたりしながら探す活動に、子どもたちは夢中になります。スタンピングをする際には、表面・裏面、さまざまな葉を使って、形を楽しみましょう。

準備するもの ・植物の葉っぱ

優しく押さえましょう

秋を感じる

27 秋探し
秋を味わいつくす

準備するもの
- 絵の具　・キャンパス紙
- トンボなどの形に作成した型紙

季節ごとの自然の移り変わりに気づける

作品展に出展しよう！

グラデーション技法を使うと子どもでもかんたんに夕焼けが表現できる

困りごと ＆ アセスメント

Q 秋には、植物があまりなく、コオロギなどしかいません。どんなことをテーマにしたらよいのでしょうか？

A 秋には、紅葉した葉もきれいです。赤トンボや夕焼け空など、秋ならではの自然に目を向けてみましょう。

実践の流れ

① タブレットや図鑑で秋について調べます。
② 家庭学習や下校中の夕焼け空を観察します。
③ 絵の具と型紙を活用して夕焼け空を表現します。

いるかどり先生からのアドバイス

✓ すごいものや貴重なものを探そうとすると、何が感動するのかがわからなくなってしまうことがあります。目の前にあるもの、すぐそこに当たり前のようにあるものこそ、価値のあるものだと思います。夕焼け空のグラデーション、空をとぶトンボ、木々の紅葉、虫達の鳴き声、世界は感動に包まれています。

応用編

28 落ち葉探し

学校の近隣には、どんな観察スポットがありますか？ 校庭だけでは、なかなか見つけられないこともあります。子どもたちと一緒に、公園などに足を運んでみましょう。きっと、感動的な出会いがあると思います。紅葉した葉、枯れた葉、それぞれに良さがあります。枯れた葉は、乾燥していてボンドでつきやすいので工作におすすめです。

準備するもの：・水筒 ・探検バック ・ビニール袋 ・軍手

近隣の公園にあるかも！

秋を感じる

29 お月見を知る
お月見会で秋を感じる

準備するもの　・画用紙　・折り紙　・ボンド　・ハサミ

- 飾りを作ることで満月や星について知る機会をもてる
- お月様にはうさぎがいるの？
- 子どもたちの「やりたい」を形にできる

困りごと ＆ アセスメント

Q 秋にはお月見がありますね。例年やっていませんが、取り扱ってもよいのでしょうか？ 子どもたちは希望しています。

A もちろんです。お月見は、1年間の四季を感じることができます。子どもたちと相談しながら、計画していきましょう。

実践の流れ

❶ 子どもたちと一緒にお月見会の企画を考えます。
❷ お月見会に向けた飾りを作成します。
❸ 当日の会を楽します。

いるかどり先生からのアドバイス

✓ 生活単元学習は、子どもたちの主体性をより大切にする学習だと思います。「毎年やっていることだから…」「生活単元学習ってやること決まってるよね」という固まった思考よりも、子どもたちの「やりたい！」「もっとこうしたい！」という思いを尊重していくことでよりよい学習へと発展していきます。

応用編

30 紙粘土でお団子づくり

粘土は、手指の発達を促す学習として最適です。水の量を調整することで、ある程度は硬さを調整することもできます。子どもたちの手指の発達に合わせて、粘土の量や硬さを調節して教材を提供しましょう。また、紙粘土は、紙をやぶいて、粘土を作る工程から製作することもできますので、子どもたちの興味関心に合わせて取り入れてみましょう。

準備するもの ・紙粘土 ・紙皿

手指を動かせる

お月様みたいにまんまるにしよう

秋を感じる

31 ハロウィンを知る
ハロウィンで学びがいっぱい！

準備するもの　・紙袋　・画用紙　・ハサミ　・のり　・両面テープ

- 準備から片づけまでできたよ！
- 買い物学習や算数にもつなげられる
- お菓子を買う計画を立てよう
- 仮装を通じて楽しく「自己表現」ができる！

困りごと ＆ アセスメント

Q ハロウィンパーティーを計画しています。楽しみを学びにつなげるアイデアをください。本校は、食べることは禁止です。

A 一つの行事から図工や算数など、横断的に学ぶことができます。

実践の流れ

1. タブレットでパンプキンやゴーストの画像を検索します。
2. 画用紙や折り紙、紙袋などを使って製作をします。
3. お面などで自分を表現します。

いるかどり先生からのアドバイス

✓ 近年ハロウィンは子どもたちにとって馴染みのある行事になってきましたね。由来を伝えながら、パーティーを楽しめるように準備から片付けまで、子どもたちと一緒に取り組んでみましょう。買い物学習としてお菓子を購入する活動を計画したいときには、家庭に帰ってから食べることができるように保護者と連携をしましょう。

応用編

32 キラキラお化けの製作

自立活動や図画工作の学習でできるようになったことをどんどん活動に取りれていきましょう。今回であれば、「折り紙をピッタリ折る」ことができるようになったことで、「パンプキンを折り紙で作ったらどうかな？」と子どもたちから声があがりました。そうした、子どもたちが自信を持って取り組める時間は、キラキラしてすてきです。

準備するもの：・画用紙　・ホイル折り紙　・ハサミ　・のり

ホイルおりがみを使うと雰囲気が出る

秋を感じる

33 野菜の収穫後の活動
秋のさつまいものつるをリメイク

準備するもの　・さつまいものつる

- 指やうでを使うことを学べる！
- 畑のものが形を変えられることを体感できる！
- 市販だと高いが、実は自分たちで作れる！

困りごと ＆ アセスメント

Q 畑で育てたさつまいものつるは捨てるだけになってしまいます。何か活用方法はありますか？

A つるをリメイクするのはどうでしょうか？　参観日などに合わせて保護者と一緒に楽しみましょう。

実践の流れ

❶ 製作する前日につるを収穫します。
❷ 必要に応じて教師や保護者と一緒につるを巻きます。
❸ つるを新聞紙の上にのせて乾燥させます。

いるかどり先生からのアドバイス

✓ 今回はさつまいものつるで製作をしました。教師だけでリースの土台を作ろうとすると、「子どもたちの成長の機会を奪ってしまうことになる」と考えることもできます。教師や保護者、高学年と協力をしながら、「つるを巻く」という活動を取り入れてはいかがでしょうか？

応用編

34 さつまいものつるを乾かす

季節を取り入れたい活動は、そのイベントの約1ヶ月前から活動や掲示をしていくと少しずつ気持ちを高めていくことができます。今回は、さつまいもの収穫前に、捨ててしまう「つる」を乾燥させてリースの土台部分を製作しました。野菜の収穫や自然との触れ合いを通して秋から冬にかけての変化を感じましょう。

準備するもの ・畑 ・さつまいも ・広いスペース

リースづくりの前に乾かすよ

前日に収穫して少し乾燥させると巻きやすい

冬を感じる

35 クリスマスを知る
ど迫力クリスマスリースづくり

準備するもの：・つる　・リボン　・グルーガン　・秋の素材　・ビーズ　・模造紙など

廊下の雰囲気が普段から一変！

教室の前にギャラリーがたくさん集まる！

事例33のリースを使用

困りごと ＆ アセスメント

Q クリスマスのリースを製作するのですが、いまいちパッとしません。作って終わりになってしまいます。

A クリスマスのイメージは「夜」なので、背面を暗くして、リースが目立つように掲示するのはどうでしょうか？

実践の流れ

❶ クリスマスリースを製作します。
❷ 背景となる模造紙を製作します。
❸ 廊下や教室後ろなど、広いスペースに飾ります。

いるかどり先生からのアドバイス

✓ 教室で掲示をすると、どうしても決まったスペースや決まった背面色（掲示ボードの色）になってしまいます。そんなときには、模造紙などを使って、背面に色をつけてみると雰囲気が変わります。今回は、クリスマスということで、絵の具をスプレーをしたり、ビーズのついた紐を飾ってみました。

応用編

36 わたし専用工房

生活単元学習や図画工作など、製作活動をする際には、机上の環境を整えることで、製作に集中することができます。小さい材料や転がりやすい材料など、なくなりやすい材料については、深さのある入れ物に入れると転がりにくくなるのでおすすめです。材料を置く位置と製作をする位置を机の上で明確にしましょう。

準備するもの
・クリスマスリースづくりの材料

落とし物がへる！

製作に集中できる

冬を感じる

37 雪の結晶を知る
黒画用紙で結晶観察

準備するもの　・黒画用紙　・雪

- 外に出られない季節でもできる！
- よく見るといろんな形があるよ！
- シンプルだけど発見があって盛り上がる！
- 見えないときは虫眼鏡を使おう
- 黒い紙に雪を乗せる

困りごと ＆ アセスメント

Q 本当は校庭で雪の上を歩きたいのですができません。雪が降ったときに落ち着いてできる活動が知りたいです。

A 温度によっては、黒画用紙の上に雪を乗せると雪の結晶が綺麗に見えるのでおすすめです。

実践の流れ

1. 手袋をつけます。
2. 黒画用紙の上に少量の雪を乗せます。
3. 雪の結晶を観察します。

いるかどり先生からのアドバイス

- 歩行手段や情緒面など、様々な理由から静的な活動を中心に計画することがあります。その場合は、特定の子どもの活動だけが制限されないように気をつけましょう。雪を触ったり、じーっと観察してみたり、冬ならではの遊びを楽しみましょう。観察をするときには、素手で触ると溶けてしまうので手袋を身につけましょう。

応用編

38 お気に入りの結晶の拡大スケッチ

雪が降らない季節もあります。冷凍庫で冷やした氷を観察したり、タブレットで調べたりしながら、冬の自然について興味関心が高まるように活動を計画しましょう。雪の結晶を描くときには、拡大表示させた見本を横に置いて配慮をしましょう。結晶の形はとても種類が多くあり、調べるだけでも楽しいのでおすすめです。

準備するもの
- 黒画用紙
- ポスカ
- 絵の具
- 色鉛筆
- くれよん

拡大するとはっきり見えるよ

調べるだけで楽しい！

冬を感じる

39 素材を感じる
毛糸を感じる指編み

準備するもの：・毛糸　・紙パック　・割り箸

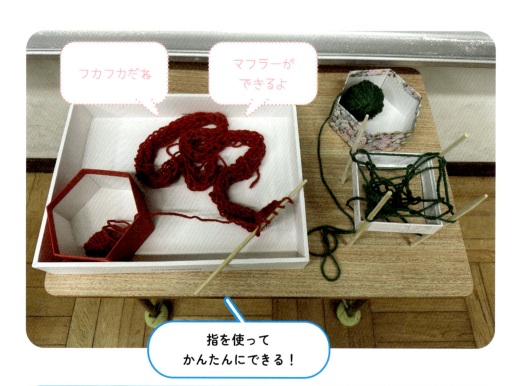

フカフカだね

マフラーができるよ

指を使ってかんたんにできる！

困りごと ＆ アセスメント

Q 室内でできて、季節感を感じられる活動はありますか？　できれば、着席してできるアイデアがいいです。

A 冬は、寒い季節なので、毛糸や綿などのあたたかい素材を使って温もりのある活動を取り入れてみてはどうでしょうか？

実践の流れ

1. 指編みの見本を示します。
2. 教師と一緒に取り組みます。
3. 自分で指編みをします。

いるかどり先生からのアドバイス

✓ 指編みは、単純な作業の繰り返しのように見えて、指をフル活用し、ひとつひとつ間違えのないように取り組まなければならない根気のいる学習です。どんどん編まれて長くなっていく毛糸を見ると達成感をもつことができます。毛糸はたくさんの種類の柄があるので、マフラーや飾りにするとすてきです。

応用編

40 みんなの「雪だるま」大集合

雪遊びをした思い出を冬の壁面製作で表現をしました。国語の学習で作った雪だるまを1枚の作品で表現をしました。子どもたちの経験と発想を生かしてテーマを決めました。また、指編みで作ったミニマフラーを雪だるまにつけてあげました。雪だるまの裏面にはスチレンボードを貼り付けて立体感を出しました。

準備するもの
・画用紙
・ミニマフラー（雪だるま用）
・絵の具

共同製作を経験できる！

児童数分の雪だるま

冬を感じる

41 お正月を知る
年賀状のきほんのき

準備するもの　・年賀はがき

昔からの年中行事を知らない子どもも全員で経験できる

ポストの使い方を学べる

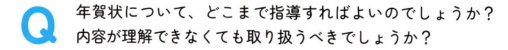

書き方には決まりがあるよ！

順番を明示する

授業であれば住所の欄は学校のものを書いてもいい

困りごと & アセスメント

Q 年賀状について、どこまで指導すればよいのでしょうか？内容が理解できなくても取り扱うべきでしょうか？

A 自分の成長を伝えることのできる機会ではあるので、保護者の協力もいただきながら、取り組んでみましょう。

実践の流れ

① 年賀状やお正月についての由来を学びます。
② 年賀状の書き方について学びます。
③ 必要に応じて型紙などを活用しながら書きます。

いるかどり先生からのアドバイス

✓ 近年では、年賀状ではなく、スマートフォンで新年の挨拶をする人も増えてきたように感じます。紙やデジタルなどの媒体は、実態に応じて指導しつつ、お正月や十二支の由来、年賀状で何を伝えたいのかを重要視すると、子どもたちの成長や将来の社会性につながっていくと考えます。

応用編

42 安全にできる3色版画

授業で年賀状を取り扱う際には、もらった人が子どもたちの成長を感じることのできる内容にしましょう。今回は、赤・青・黄の3色を使って3色版画をしました。スチレンボードに彫刻刀などで模様を彫り、写し出したい面に版画インクをつけて刷ります。スチレンボードは割り箸などでも模様を彫ることができるので安全にも配慮することができます。

準備するもの
・赤、青、黄の水溶性版画インク
・ローラー ・スチレンボード ・画用紙

上からメッセージを書いてもすてきだね

先生や友だちと関わる

43 学級の友だちと関わる
いろいろ学べる魚釣り大会

準備
するもの
・製作した魚　・製作した釣り竿　・マグネット
・クリップ

磁石の働きを学べる！

魚について
調べるきっかけになる

リアルな魚もいるぞ

みんなで輪になって
選べる

困りごと & アセスメント

Q 学級の子どもたちがそれぞれ会話を楽しんだり、協力したり、関わりながらできる活動がしたいです。

A 子どもたちの実態もそれぞれあると思いますので、柔軟に変化できる活動（やることを選択できる）がおすすめです。

実践の流れ

❶ 図鑑やタブレットで魚を調べます。
❷ 印刷機で印刷をしたり、クレヨンで描いたりします。
❸ クリップやマグネットをつけて完成です。

いるかどり先生からの アドバイス

✓ 活動内容を選択できるように、幅をもたせて計画をすることは特別支援教育において、重要なことです。例えば、魚を調べるときに、図書館に行く子もいれば、タブレットで検索をする子もいます。教師に聞きに行く子もいます。子どもたちのできることを生かして活動を選択できるようにしましょう。

応用編

44 ネットで魚を調べる

子どもたちの中には、自分でインターネットを活用して調べたり、調べたものを印刷したりすることができる子がいます。とても心強いです。調べ学習や作品作りが、その子の活躍の機会になります。また、写真のようにリアルな魚を魚釣りで使用すると、臨場感がでます。魚や釣り竿につけるマグネットやクリップは誤飲の心配もあるので注意しましょう。

準備するもの　・タブレット　・印刷機

子どもが活躍する場面を作れる！

印刷も自分でするぞ

先生や友だちと関わる

45 学級の友だちと関わる
コロコロランドでビー玉転がし

準備するもの　・プラスチック段ボール　・クリップ　・ビー玉など

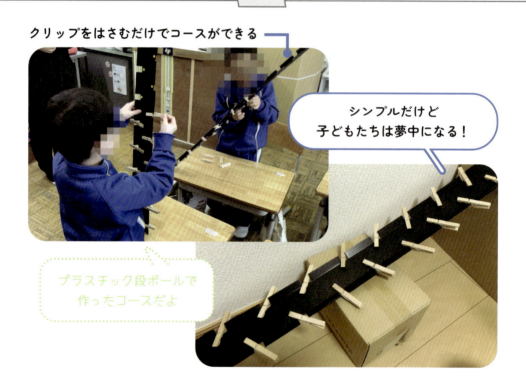

クリップをはさむだけでコースができる

シンプルだけど子どもたちは夢中になる！

プラスチック段ボールで作ったコースだよ

困りごと ＆ アセスメント

Q 子どもが夢中になって遊べる活動にはどのようなものがありますか。

A ビー玉を転がす遊びをおすすめします。ビー玉が転がる様子を夢中で目で追って繰り返し楽しめる児童が多いです。

実践の流れ

① プラスチック段ボールにクリップをはさんでコースを作ります。
② 出来上がったコースでビー玉を転がして遊び（学び）ます。
③ うまく転がらない場合は先生と一緒にコースを調整します。

いるかどり先生からの アドバイス

- ✓ プラスチック段ボールにはクリップをはさむ場所に目印をつけておくとわかりやすいです。
- ✓ 最初からビー玉をたくさん渡してしまうと、違う感覚遊びになったり、口の中に入れてしまったりすることがあるので、一つずつ手渡すようにしましょう。

応用編

46 合体コロコロランド

各自のコースが出来上がり、ビー玉を転がして遊べるようになったら、友だち同士でコースをつなげたり、同時に転がしたりする遊びに発展させます。「せえの」「いくよ」など掛け声を出して、一斉に転がせば、遊びの一体感が生まれます。また、コースやクリップの角度を変えることで、ビー玉の転がり方を工夫する遊びにも発展させることができます。

準備するもの　・おけ　・コロコロランド

共同作品が作れる！

「せえの」で転がすよ

先生や友だちと関わる

47 学級の友だちと関わる
新聞紙ビリビリ

準備するもの：・新聞紙

単純だけど大盛り上がりで交流できる！

①新聞紙をちぎってできるだけ長く伸ばすゲーム

②新聞紙を引っ張りあって、どちらが大きいか比べるゲーム

手先の訓練にもなる

困りごと ＆ アセスメント

Q 手先が不器用で、友だちや先生とうまく遊べない子がいます。一緒に遊んで楽しむことが難しいです。

A 身近な素材である「新聞紙」を使ってみましょう。新聞紙を使った遊びを通して、関わりを広げていきましょう。

実践の流れ

① 新聞紙をできるだけ長くちぎって、長さ比べをします。
② 二人一組になり、新聞紙を持って引っ張り合います。
③ 破れた新聞紙の大きさ比べをします。

いるかどり先生からのアドバイス

- 新聞紙のちぎり方は様々な方法があります。教師は、友だちの新聞紙のちぎり方を参考にできるような声をかけます。何回か挑戦できるように時間設定をしてみましょう。
- 長さや大きさを比べるときに、どちらがどれだけ長い（大きい）のか、数を意識させることも大切です。

応用編

48 穴くぐり

動きがぎこちない子の多くは、ボディイメージ（自分の体のサイズや動かし方）が未発達です。そこで、新聞紙を様々な大きさに切り抜き、提示します。破らないように自分の体の部位を、切り抜かれた部分に通す活動をします。活動を通して、自分の体への意識が高まってきます。すると、自然と体の動きも上手になっていきます。

準備するもの　・新聞紙　・はさみ

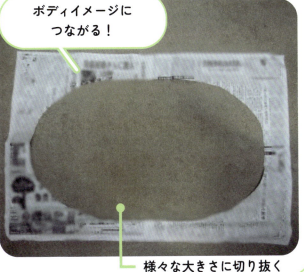

ボディイメージにつながる！

様々な大きさに切り抜く

先生や友だちと関わる

49 学年の友だちと関わる
休み時間へ招待

準備するもの　・休み時間の約束

- 特別支援学級がもっとにぎやかに！
- 交流できて視野が広がる
- 教室利用の約束を掲示する
- インクルーシブな学びができる！

困りごと & アセスメント

Q 特別支援学級だけが閉鎖的になってしまうのですが、学年の友だちと関わるアイデアはありますか？

A 休み時間に学級を開放してはどうでしょう？ 使用の約束やタイマーの設置など環境を工夫してみましょう。

実践の流れ

① 担任同士で曜日や時間などの約束を決めます。
② 学級に使用の約束やタイマーの設置など環境整備をします。
③ 休み時間に同じ学年の子どもたちを招待します。

いるかどり先生からのアドバイス

☑ 休み時間は、心身の回復、情緒の安定、人間関係の構築、学習の予習・復習など、子どもたちにとって貴重な時間です。ぜひ、一人ひとりの子どもたちが自分が一番リラックスできる休み時間が過ごせるように環境を整えていきましょう。学年全体の休み時間の過ごし方についてのルールも共通理解を図りましょう。

応用編

50 ボードゲーム大会で大盛り上がり

トランプやUNO、将棋やオセロなど、友だちとの交流を深めながら、楽しむことができる室内ゲームは、子どもたちに人気です。教室に常設して遊ぶことができるようにすることは良いことかと思います。しかし、時間内にゲームが終わらないことや人数制限のために遊べない子が出てくるかもしれないなど、予測をして環境を整えることが大切です。

準備するもの ・発達年齢に合ったボードゲーム

ルールをシンプルにするとだれでも楽しめる！

先生や友だちと関わる

51 学年の友だちと関わる
みんな大好きわたあめ屋さん

準備するもの ・商品 ・テーブル ・看板 ・チラシ ・チケット

- 通常学級の子どもとの交流のきっかけを作れる
- わたあめ屋さんが大ブームだ！
- お祭りなどで見たお店を再現できて楽しい！

困りごと & アセスメント

Q 特別支援学級だけでは閉鎖的になってしまうので、通常学級の子どもたちを招待できる何かがしたいです。

A 休み時間を活用して、お店屋さんや祭りなどを開催して、お客さんとして学級に来てもらうのはどうでしょう。

実践の流れ

① 子どもたちと企画・役割を考えます。
② 商品を作ります（今回は、わたあめ屋さん）。
③ 当日、学年の友だちを招待してわたあめを渡します。

いるかどり先生からのアドバイス

✓ 事前に、学年の先生方と計画を立てて、日程や保護者への連絡事項（作品を持ち帰ることなど）を決めましょう。また、交流する学年によって、企画を考え、生活年齢に合った活動ができるように考えます。学年の人数を確認したり（算数）、招待状を書いたり（国語）さまざまな学びが関連する活動です。

応用編

52 わたあめづくり

今回は、子どもたちの中で流行っているわたあめをテーマとして、わたあめ屋さんを休み時間に開くということで企画を進めました。サイズがバラバラにならないように見比べたり、丁寧に袋に包んだりと、子どもたちは、学年の友だちの喜ぶ姿を想像しながら、一生懸命に準備をしていました。誰かのためにがんばる活動は、自分の力を発揮する最高の経験となります。

準備するもの：・わた　・割り箸　・ビニール袋　・モール

「商品作り」を意識できる

丁寧に梱包しよう

先生や友だちと関わる

53 学校の周りについて知る
校外学習 学校探検に参加する

準備するもの　・探検バック　・水筒　・帽子　・タブレット

上級生は下級生のお世話をする経験ができる

先生も一緒に発見しよう

困りごと ＆ アセスメント

Q 交流学級の低学年と一緒に学校の周りを散策する授業があります。特別支援学級も一緒に参加したいです。

A ぜひ、一緒に参加をしましょう。子どもたちの興味関心に合わせて、地域を知ることができるように事前事後学習を取り入れましょう。

実践の流れ

1. 私の発見ポイント、みんなで発見ポイントを考えます。（事例54参照）
2. 学校探検に参加します。
3. 全体の振り返りと、私の発見ポイントの作成・発表をします。

いるかどり先生からのアドバイス

- 特別支援学級では、1年生から6年生までさまざまな実態の子どもたちがいます。そのため、学校探検という同じ活動の中でも、それぞれの興味関心に合わせて、私の発見ポイントを設定しましょう。「自動販売機の設置場所」「信号や横断歩道」など、子どもたちの興味関心を発表する事後学習を設定することも大切です。

応用編

54 わたしの発見ポイント

学校探検に行くときには、集団（みんなで発見するポイント）と個人（私の発見ポイント）の探検の目的を設定すると学習が深まります。事前学習では、子どもたち自身に「私の発見ポイント」を考える時間を設け、事後学習では、発表する時間を設けることで、さまざまな視点から地域について理解を深めることができます。

準備するもの　・画用紙　・模造紙　・ペン　・写真

写真を貼ると分かりやすくなる

個人用ワークシート

先生や友だちと関わる

55 年下の子どもと関わる
文通楽しいね

準備するもの ・手紙 ・手紙の見本 ・色鉛筆

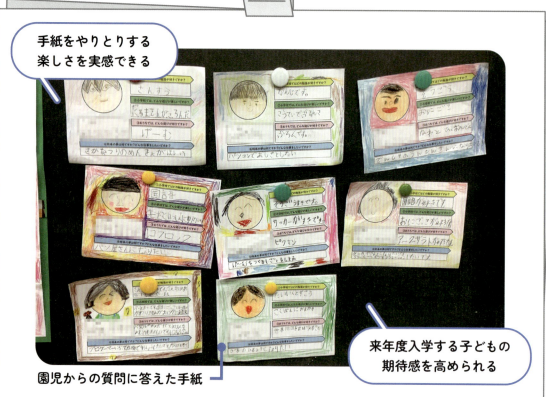

手紙をやりとりする楽しさを実感できる

来年度入学する子どもの期待感を高められる

園児からの質問に答えた手紙

困りごと & アセスメント

Q 地域と交流をしたいのです。園児に手紙を送る場合、どんな工夫が必要ですか？

A 幼児期は、文字の習得前の子どもたちが多いので、先生に代読してもらう、絵を送るなど、園児が理解できる交流をしましょう。

> 実践の流れ

❶ どんな言葉や内容を伝えたいか考えます。
❷ 実態に応じた見本の掲示や手紙の書式を考えます。
❸ 園児や先生に向けて手紙や自己紹介を書き、ポストに投函します。

いるかどり先生からの アドバイス

✓ 交流学習で手紙を交換する活動を取り入れる際には、ぜひ、郵便ポストへ投函をしましょう。手紙を書く、封筒に宛名を書く、封筒に入れる、切手を貼る、郵便ポストへ投函する。それらを教師がすべてやってしまうのではなく、子どもたちの学習として計画すると、交流していることを実感しやすくなります。

応用編

56 もらった作品を掲示する

地域には、いろいろな施設があります。近隣の小学校、中学校、幼稚園、保育園、児童発達支援センターなど、交流できるところと、まずは教師同士がつながっておくことが大切です。また、直接的な交流をすることが難しい場合でも、手紙や作品を交換するなど、間接的に交流を深めることができます。同じ地域で過ごす人たちと交流をしましょう。

準備するもの ・掲示スペース

園児さんからのプレゼントをもらったよ

学校行事に参加する

57 修学旅行に参加する
自分の力で班行動に参加する

準備するもの　・帽子　・リュック　・しおりに書いてある持ち物

主体性を育む！

教師は後ろから見守ることも大切

困りごと & アセスメント

Q 修学旅行に参加をしますが、どのように参加すればよいのでしょうか？

A 子どもの実態、本人や保護者の願い、配置できる人員や配慮など総合的に検討し、できるだけ子ども自身で活動しましょう。

実践の流れ

① 本人、保護者、教職員で相談をします。
② 活動方法に合わせた事前学習をします。
③ 当日の連携体制を確認し、子どもたちの活躍を支援します。

いるかどり先生からの アドバイス

✓ 修学旅行など、宿泊を伴う学習や集団行動の多くなる学習では、より一層、本人（当事者）の願いを尊重できるように本人、保護者、担任、管理職、教職員がチームになって話し合いをします。これは、「特別支援学級だから」ではなく「すべての子どもたち」にとって大切にしたい考えです。

応用編

58 自由行動を楽しむ

集団行動や班行動の際に、「自由時間」がありますが、トラブルが起きてしまったり、不安になってしまったりする子がいます。理由の一つとして「今、何をすればよいのかわからない」ことが考えられます。自由時間にやることリストを作成して、空白の時間がないように配慮し、安心して過ごすことができるようにしましょう。

準備するもの：・子ども自身が理解できるカードゲーム

タイマーも一緒に持っていく

学校行事に参加する

59 運動会に参加する①
万国旗で盛り上げる

準備するもの　・画用紙　・クレヨン　・色鉛筆　・リボンや紙紐

1カ月前くらいから取り組むとよい

わたしたちが主役だよ

参加する意識を高められる！

困りごと ＆ アセスメント

Q 学級で取り組むことができ、運動会を盛り上げることができるアイデアを教えてください。

A 学級の応援旗を作ったり、万国旗を作って教室や廊下に飾ると運動会の雰囲気づくりになり、参加の意識が高まります。

> **実践の流れ**

❶ オリンピックなどの写真を見てスポーツの意識を高めます。
❷ 自分の作成したい国旗を選んで作成します。
❸ 万国旗をリボンや紙紐につけて飾ります。

いるかどり先生からの アドバイス

✓ 運動会では、子どもたちの意向を聞きつつ、参加方法について本人、保護者、担任、管理職、教職員がチームとなって相談をしましょう。
✓ スポーツは平和の象徴であることを伝えつつ、練習期間から万国旗を作成し運動会に向けた雰囲気を出していきましょう。

応用編

60 名場面を絵に残す

運動会当日は、子どもたちをたくさん認めることができる声かけをしていきましょう。事後活動では、写真をスクリーンで写したり、動画を視聴したりしながら、一人ひとりの活躍場面を振り返っていきましょう。写真を切り貼りしてポスターを作成したり、写真を見ながら画用紙に絵を描いたり、表現活動を取り入れることがおすすめです。

準備するもの ・画用紙 ・クレヨン

運動会と表現活動をつなげる

思い出の大玉転がしです

学校行事に参加する

61 運動会に参加する②
UD応援フラッグ

準備するもの　・紙などを丸めた棒　・布　・布ペン

- 声を出せない子どもでも振って応援できる
- イヤーマフをしている子どもにエールを伝えられる
- ニコニコ笑顔で楽しもう
- 新聞紙や画用紙を丸めた棒

困りごと & アセスメント

Q 当日に持っていくことができ、運動会を盛り上げることができるアイデアを教えてください。

A 大きな音が苦手な子もいるので、手元で揺らすフラッグがおすすめです。木の棒ではなく新聞紙などで作ると安全です。

実践の流れ

❶ 新聞紙を丸めます。

❷ 布にニコニコマークやメラメラ炎マークなどスローガンに合った絵を描きます。

❸ 運動会当日に座席で使用します。

いるかどり先生からの アドバイス

✓ 子どもたちが応援をするときに、大きな声を出すことが難しい子、拍手を長時間することが難しい子など、さまざまな子がいます。応援の方法も、学級のみんなで一緒に考えて、応援する気持ちや一致団結の想いを表現できるようにしましょう。フラッグは安全に使用するため短めがおすすめです。

応用編

62 見どころカード

子どもたちが保護者に応援に来てほしいという思いを大切にできるのも行事のメリットのひとつだと思います。表現の見どころや自分の位置を示したカードを作成することで、自分で自分の位置や順番を確認することにつながります。

また、保護者の参加が難しい場合には、学校の教職員で連携をして、子どもたち全員を認めることができる体制を整えましょう。

準備するもの ・校庭の平面図ワークシート

当日、はりきって参加できるようになる

8 いるかどりたいそう！
いつ 10月14日 9じ 30ふん〜
だれ 1ねんせい
わたしはここにいます！
じどうせき
★ ← ここ
ほんぶせき
こうしゃ
がんばります！おうえんよろしくおねがいします！

保護者にカードを作ろう

宿泊学習に参加する

63 自分の役割を知る
やる気を引き出す班と役割決め

準備するもの　・記録ノート　・関連施設のパンフレット

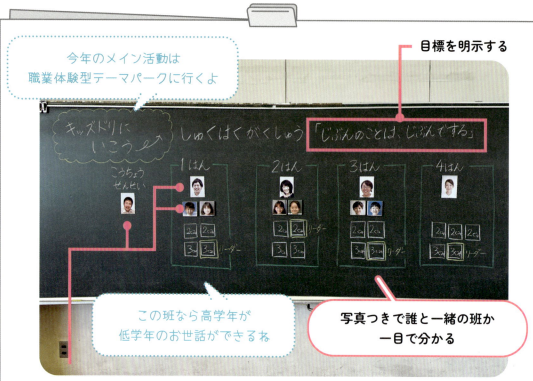

- 今年のメイン活動は職業体験型テーマパークに行くよ
- 目標を明示する
- この班なら高学年が低学年のお世話ができるね
- 写真つきで誰と一緒の班か一目で分かる

子どもだけでなく先生の顔写真も貼るのがポイント

困りごと ＆ アセスメント

Q 毎年実施している宿泊学習ですが、教師主体になっているのを子どもたち主体にしていきたいです。

A すてきです。様々な視点から学習目標を設定し、目標に向かって可能な範囲で子どもたちの声を反映しましょう。

実践の流れ

❶ 宿泊学習の目標を確認します。
❷ 可能であれば、年度はじめに学級会議を開きます。
❸ どこでどんな学びをするのか？ 班や役割を決定します。

いるかどり先生からの アドバイス

✓ 特別支援学級や特別支援学校の学部ごとなど、小規模で実施する宿泊学習の場合は、複数の候補地から実態を選んだり、学級編成（低学年が多いときには実施しないなど）に応じて実施の有無を柔軟に考えることが重要です。どこで何を学びたいのか？ 子どもたちの声も可能な範囲で反映していきましょう。

応用編

64 調理実習の道具・材料をそろえる

今回は、うどんづくり体験やピザづくり体験に参加しました。そこで、調理実習の際に、必要な道具（ピーラーやビニール手袋など）を材料（チーズや夏野菜など）を役割に応じて分担して持参することになりました。実態によっては、教師がすべて準備することもあってよいと思いますが、学校と家庭で連携をして計画をしていきたいです。

準備するもの ・施設の案内 ・家庭へのアンケート

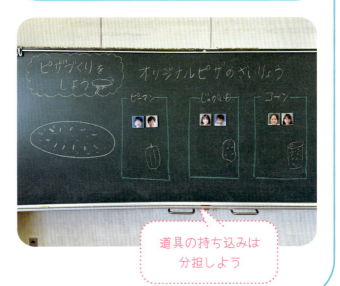

道具の持ち込みは分担しよう

宿泊学習に参加する

65 交通手段を知る
行き方をリサーチ

準備するもの　・タブレット

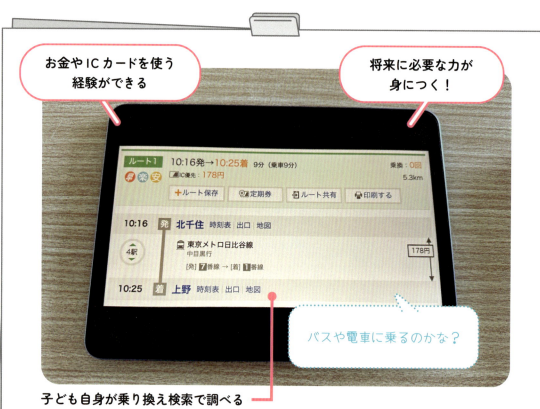

お金やICカードを使う経験ができる

将来に必要な力が身につく！

バスや電車に乗るのかな？

子ども自身が乗り換え検索で調べる

困りごと ＆ アセスメント

Q 電車やバスを利用して目的地に行こうと計画しています。事前に何を学べばよいですか。

A ルートを調べることから始めます。将来、使用する頻度の高いICカードも活用してみましょう。

実践の流れ

1. 最寄駅や乗り換えする駅、交通費を調べます。
2. 交通費を IC カードにチャージします。
3. 当日、使用しやすいようにストラップをつけます。

いるかどり先生からのアドバイス

- ✓ 将来お金を使って買い物や IC カードのチャージができるようになるためには、お金の教材で学習をし金銭感覚を養ったり、たし算やひき算を中心に計算する力をつけることが大切です。
- ✓ IC カードの発行やチャージの際には、保護者の協力が必要不可欠ですので、余裕のあるスケジュールでお願いしましょう。

応用編

66 IC カードのタッチ＆ゴー練習

初めてのことを体験するときには、本物に近いものでロールプレイングをすることで、理解を深めましょう。今回の教材は、最寄駅の駅員に許可をいただき、IC カードをタッチする部分を撮影しました。段ボールに印刷した画像を貼り付けて繰り返し学習ができるようにしました。使用方法と同時に管理の重要さについても指導をしましょう。

準備するもの：・改札口の写真など

ここにタッチするよ

宿泊行事に参加する

67 荷物の整理整頓
しおりの使い方を知る

準備するもの：・しおり ・チェック ・大きめのマスキングテープや付箋

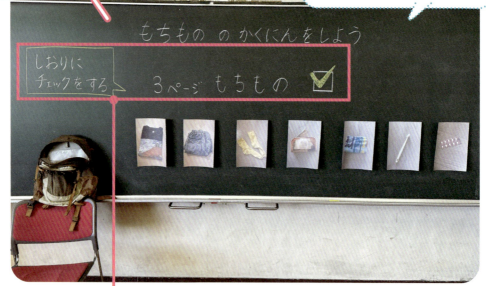

- 「読む→理解→行動」という流れを身につけられる
- しおりでチェックした荷物にメモをつけます
- しおりの使い方を示す

困りごと ＆ アセスメント

Q しおりを読むことはできるのですが、荷物の管理ができません。

A しおりに書いてある荷物の名前と実際の荷物が一致するように、番号や名前を書いて管理できるようにしましょう。

> **実践の流れ**

① しおりの荷物一覧を読みます。
② しおりに番号を書き込みます。
③ しおりと同じ番号と名前をメモに書き荷物に貼ります。

いるかどり先生からのアドバイス

✓ 文字で読んでいる情報と記憶している情報を一致させることが難しい場合には、理解できる番号や記号を書いて荷物に貼りましょう。洋服であれば、「①1日目の夜・着替え」「②2日目の朝・着替え」など、分けてビニール袋に入れ、メモを貼ります。

応用編

68 リュックの詰め方レッスン

宿泊学習への参加に向けて、子どもたちが自分で荷物を準備し、自分で荷物を管理できるように学習をします。荷物は、使用するタイミングごとにジップロックなど開封がしやすいビニール袋に入れます。リュックに入れるときには、使用するタイミングが遅いものから奥に入れていくと取り出すときにスムーズになります。

準備するもの  ・リュック　・持参する荷物

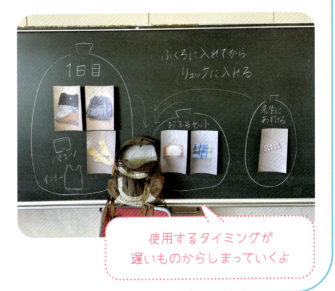

使用するタイミングが遅いものからしまっていくよ

宿泊行事に参加する

69 公共のマナーを知る
電車や施設の約束を知る

準備するもの
・公共のマナーについての掲示物

学校の階段で事前に練習しておくと本番もできるようになる

学ぶべき公共マナーのリスト
・みんなの場所
・静かにする
・きれいに使う
・順番を守る
・やさしい言葉を使う

エスカレーターは立ちどまってのろう

困りごと ＆ アセスメント

 初めての宿泊学習となります。事前学習で学んでおくことはありますか？

 公共のマナーについて、事前学習をしておくことは大切です。将来にも役立つので丁寧に学習を進めましょう。

実践の流れ

① 公共のマナーを守るメリットついて学習します。
② 電車や施設のマナーについて学習します。
③ 椅子に座ったり、布団を畳むなど実際に学習します。

いるかどり先生からのアドバイス

✓ 身近な場所であれば、公園や歩道、移動手段であればバスや電車などの公共交通機関、観光施設や宿泊施設など、利用者が気持ちよく利用できるようにすることはもちろん、自分や周りの人たちが安全に利用できるようにマナーを守る大切さについて学習を進めましょう。

応用編

70 布団をたたむ

宿泊施設では、寝具を利用することになります。シーツを取り付けたり、枕にカバーをつけたりすることがあります。バスタオルやハンカチなどで、簡易的に練習をすることができます。実際のサイズのものがあれば教師や友だちとペアになってたたんでみるなど練習ができるように計画をしましょう。

準備するもの
・布団がない場合は布や画用紙など模倣できるもの

ペアになって練習しよう

式に参加する

71 卒業式に参加しよう
コツコツ証書トレーニング

準備するもの　・厚紙（証書のかわり）　・いす

見本は掲示しておく

毎日、短時間練習する

困りごと & アセスメント

Q 卒業式への参加を目指していますが、全体練習だけでは足りません。生活単元学習や自立活動で取り扱っていいでしょうか？

A はい。体の使い方など、長時間ではなく、短時間の指導を毎日コツコツと続けていきましょう。

実践の流れ

1. 卒業式・進学に向けて前向きな気持ちを高めます。
2. 着席や起立の姿勢、修了証書の受け取り方を知ります。
3. 当日に向けて継続して取り組みます。

いるかどり先生からのアドバイス

✓ どの行事もそうですが、年間を通して計画的に指導を進めていきましょう。長時間の指導では、苦しくなってしまうことが予想できますので、短時間でできる学習を毎日コツコツ続けていきましょう。例えば、朝の会（日常生活の指導）や休み時間（自立活動）に取り組めるように計画してもよいと思います。

応用編

72 感謝の気持ちを伝える

自分の成長は、自分だけの努力ではないことを自覚し、これまでの感謝の気持ちを伝えましょう。言葉にすることが難しい場合は、子どもたちの気持ちを聞き、教師が代筆して手紙を書くなどすることも良いと思います。ビデオメッセージを作ったり、写真でアルバムを作るなど、学級の実態に合わせて、感謝の気持ちを伝えることができるようにしましょう。

準備するもの：・手紙やメッセージ動画

教師が代筆してもOK！

カフェを開く

73 働いている人を知る
ステップ① カフェ見学

準備するもの：・校外学習に必要なもちもの　・身だしなみ

困りごと ＆ アセスメント

Q 仕事や接客について学習したいです。最初に何をしたらよいですか？

A 生活単元学習の中で近隣にあるカフェやファミレス、特別支援学校高等部などに校外学習に行ってみましょう。

実践の流れ

① レストランなどのマナーや注文の方法を学習します。
② 移動方法や場所について調べます。
③ 実際にレストランなどに行って食事をします。

いるかどり先生からのアドバイス

✓ お金がかかることなので、保護者の理解と協力が不可欠です。年度当初の懇談会から説明と相談を忘れずに進めていきましょう。将来の生活に必ず役立つ学習です。レストランなどでのマナーはもちろんですが、金銭感覚を養うことができるように、算数と関連付けて学んでいきましょう。

応用編

74 ステップ② 注文をする

店員さんに「どんな表情で、どんな言葉遣いで、どんな内容を伝えればよいのか」教師や友だちと一緒にロールプレイングをして学習をしましょう。インターネットで検索をすると実際のメニュー表をダウンロードすることもできます。地域にあるお店を取り扱いながら、国語の読むことや話すことなどと関連付けながら学習を深めます。

準備するもの ・メニュー表

はじめは写真付きがおすすめ

カフェを開く

75 店員さんになる
ステップ③ STAFFシャツづくり

準備するもの　・Tシャツ　・布ペン　・厚紙の型

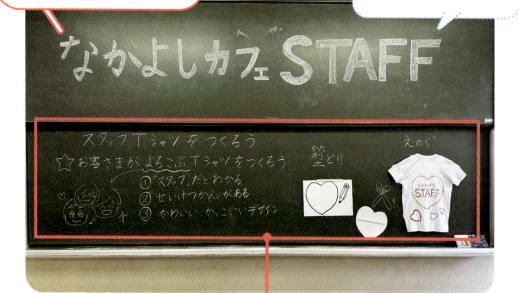

「お仕事モード」になれる！

一体感がうまれるね！

ただ作るのではなく、内容を説明する

困りごと & アセスメント

Q そろいのユニフォームで意識を高めたいですが、お金をかけずにオリジナルTシャツなどを作成することは可能でしょうか？

A 新しいTシャツを購入しなくても、古くなってきた洋服に、布ペンで描くとオリジナルのTシャツを作れます。

> 実践の流れ

1. オリジナルのデザインを決めます。
2. テーマやコンセプト、色合いやマークを考えます。
3. 作りたいイメージを布ペンで表現します。

いるかどり先生からのアドバイス

☑ 学級のみんなで同じTシャツなどを着用すると一体感を感じることができます。自分がこのチームに存在することを感じることができることは、帰属感や安心感を高めることにもつながります。教職員や保護者に声をかけながら、着用しない洋服を集めて、再利用するとエコでお金もかからないのでおすすめです。

応用編

76 ステップ④ 役割を決める

子どもたちの声から「自分たちでカフェ（物販やお祭りなど）をやってみたい」という声が聞かれたら、ぜひ、単元のまとめとして行ってみてください。商品を考え、値段を設定し、当日の役割を決める、など学習を進めていきましょう。学級のどの子にも、全員役割があるように相談をすることが大切です。

準備するもの
・司会　・記録

顔写真で示す

みんな必要な存在だよ

カフェを開く

77 注文をとる
ステップ⑤ 注文票にメモを取る

準備するもの：・メニュー表　・注文票　・鉛筆
・支援シート（必要に応じて）

店員役への支援
お客さん役向けの案内
個に合わせて支援シートを作成してもよい

困りごと ＆ アセスメント

Q 休み時間に学級でカフェやお店を開き、先生方を招待しようと思います。注意事項はありますか？

A ごっこ遊びではなく「学習」となるようにしましょう。先生方には、真面目にお客さんになってもらいましょう。

実践の流れ

① 事前学習で役割や商品を作成します。
② 開催する時間は店員になり、学習の成果を出します。
③ 困ったときの約束や支援体制を整えておきます。

いるかどり先生からのアドバイス

✓ どんな学習も成功体験で終えることが大切です。しかし、「お客さんの注文を聞き取ることができなかった」「違う商品を渡してしまった」など、困ったときや間違ってしまうこともあります。うまくできなければ写真のような支援シートを使ってもよいでしょう。「報告・相談・連絡・確認」ができる雰囲気づくりや支援体制を整えることが大切です。

応用編

78 ステップ⑥ 先生たちを招待する

子どもたちの主体性を大切にしながら、誰を呼びたいのかを相談します。教職員であれば、休み時間や空き時間などに、保護者であれば参観日に、地域のボランティアさんであれば会議のあとに、など、学校全体と連携をしながら単元を計画していきましょう。お客さんを招待する前に、子どもたち同士で繰り返し経験を積みましょう。

準備するもの：・手紙 ・招待状

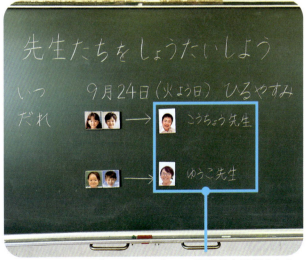

子どもたちが手渡しできるように、教職員と連携をとる

79 物販をする　ステップ⑦ オリジナルグッズを作る

カフェを開く

準備するもの
・ポチ袋の材料　・スタンプ台（補助具）
・手順カードなど

切る、貼る、折るなどの実態に応じた工程を設定する

困りごと ＆ アセスメント

Q グッズを作り売りたいです。実態差の大きい学級で友だち同士で協力して取り組める活動にはどのようなものがありますか。

A ポチ袋の作成はいろいろな工程があるため、子どもたちが得意なところを担当し、互いに助け合うことができます。

> 実践の流れ

① 全工程を経験してから自分が得意なものを考えます。
② 工程の担当者を決めて流れ作業で取り組みます。
③ 自分の工程が終わったら、次の人に材料を渡し報告します。

いるかどり先生からのアドバイス

- ✓ 各工程で子どものもてる力を十分に発揮できるように補助具などを工夫することが大切です。
- ✓ 「チェックお願いします」と報告したり、「手伝ってください」と援助を求めたりと友だち同士で協力することを促し、みんなで一つのものを完成させている意識を育むようにしましょう。

応用編

80 ステップ⑧ オリジナルグッズの売上の計算・管理

出来上がったポチ袋は玄関に置いて販売します。準備として、販売促進ポスターを描いたり、値札を作ったりするなどの活動を展開します。また、売り上げ金を計算したり、何に使うかを考えたりして、お楽しみ会の計画をする活動に発展させます。
自分たちで稼いだお金で行う活動は達成感もケタ違いになります。

準備するもの
・販売用ポスター
・売上金計算ボードなど

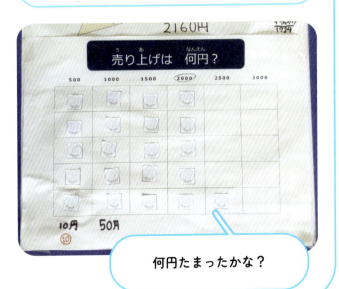

何円たまったかな？

カフェを開く

81 感謝を伝える
ステップ⑨ ご来店ありがとうございました。

準備するもの：・お礼でもらった手紙や活動の様子の分かる写真

みんなで書いた手紙を送る

困りごと & アセスメント

Q カフェに参加してくれた方にお礼を伝えたいのですが、全員に書かせるべきでしょうか？

A 「〜やらされる」よりも「〜したい」が大切です。手紙、色紙、作品など子どもたちと相談しましょう。

> **実践の流れ**

① 希望する子どもが感謝の言葉を書きます。
② 指にスタンプをつけて木を表現します。
③ 完成したポストカードをプレゼントします。

いるかどり先生からの アドバイス

✓ 感謝を伝える活動はもちろん、様々な学習で忘れてはならないことは、「〜やらされる」学習よりも、「〜したい」学習の方が効果が高いということです。子どもたちの意見を尊重しつつ、可能な範囲で、考えを取り入れていき、できることや得意なことを生かせるような活動にしましょう。

応用編

82 ステップ⑩ スキルアップ会議

単元のまとめでは、これまでの活動を振り返ることができる時間を設定しましょう。その際、「〜ができなかった」「〜が難しいから無理」など、ネガティブに話し合いをするのではなく、「〜したら、もっとよくなる」を合言葉に、ポジティブに話し合いを進めるようにしましょう。チャレンジしたこと、行動できたことなど、プロセスをほめ合える雰囲気づくりが大切です。

準備するもの
・これまでの活動をふりかえることができる写真や動画

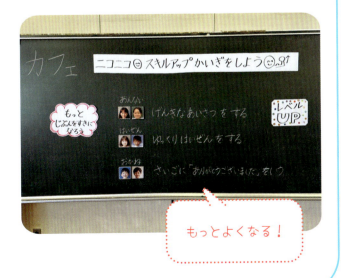

もっとよくなる！

87

授業参観

83 参観に向けて
ほめほめタイム

準備するもの
・ふりかえり用ワークシート
・成長が分かる写真やプリント

自信をつけて不特定多数の参観者を迎えられる！

先生は〜が成長したと思います

自分のよさを自覚できるようにほめる

困りごと & アセスメント

Q 授業参観に不安をもっている子がいます。実態の違う子どもたちが同じ授業の中で、保護者に成長を感じてもらいたいです。

A 成長を感じてもらう機会の設定はすてきです。まずは、子どもたちが自分自身の成長を自覚できるように進めましょう。

実践の流れ

1. 授業参観があることについて知ります。
2. 自分のできるようになったことについて振り返ります。
3. 保護者に発表したいことを考えます。

いるかどり先生からのアドバイス

- 常に成長を続ける子どもたちが、自分で自分のできるようになったことを自覚することは、意外に難しいことです。子どもたちのできるようになったことを、教師がどんどん伝えていきましょう。
- 4月の姿を記録として残しておくと3月に生かせます。

応用編

84 わたしができるようになったこと

自分ができるようになったことを、「自分が得意な学習ツール」でまとめると意欲がさらに高まります。ジェスチャーで教師に伝える子、作文用紙に文章で書く子、画用紙に絵を描く子、タブレットでプレゼン資料を作る子など、子どもたちの得意なことや学習のプロセスを認めてあげることが大切です。

準備するもの ・作文用紙 ・画用紙 ・タブレット

自分のできる方法で記入する

授業参観

85 参観で集団発表する
劇遊び

準備するもの ・お面 ・台本

人に楽しんでもらうことの楽しさを知る

役を決めてセリフを覚えよう

困りごと ＆ アセスメント

Q 授業参観で劇を発表しようと考えています。国語で学習したことを生活単元学習で取り扱ってよいでしょうか？

A はい。国語の学習と関連付けながら、授業参観に向けての劇遊びの準備等を進めていきましょう！

> 実践の流れ

1. 発表する劇のテーマや役を決めます。
2. 子どもたちの実態に合わせて台本を調整します。
3. 当日の授業参観で劇を発表します。

いるかどり先生からの アドバイス

☑ 生活単元学習の目標を取り入れるのであれば、「集団活動への参加」「集団活動の中で自分の役割を理解する」「友だちと一緒にお面や小道具を作る中で気持ちを伝え合う」など、人との関わりを大切にしていくと素敵な劇遊びが発表できると思います。

応用編

86 個に応じたお面を作る

図画工作で学習した技法を使ってお面や小道具を作りましょう。劇など相手に向けて表現をする活動では、「自分が作りたいもの作ること」も大切にしつつ「相手に伝わるものを作ること」を忘れずに作っていきましょう。子どもたちの実態に応じて、教師と子どもたちの製作量のバランスを考え、個々の目標を達成できる計画を立てましょう。

準備するもの：・画用紙　・クレヨン　・マーカー　・テープ

「人に見せる」ことを意識できる

被るのが苦手であれば黒板に掲示する

授業参観

87 オンラインの授業参観
対面とオンラインの同時発表

準備するもの　・タブレット　・スライドショーができるアプリ

- リモートの経験ができる
- 人に認めてもらう機会を増やせる！
- 対面でも zoom でも発表できるんだ
- 画面に映るとやる気 UP！

困りごと ＆ アセスメント

Q 参観日に都合が悪く参加できない保護者が多く、準備を頑張った子どもたちが残念がっています。

A 対面だけでなくオンラインを同時に開催します。人に認めてもらえる機会、満足感や達成感を大切にしていきたいですね。

> 実践の流れ

❶ スライドショーができるアプリで紙芝居を作成します。
❷ 管理職や保護者に ID と PW や日時を伝えます。
❸ 当日、対面とオンライン（画面共有）で発表します。

いるかどり先生からの アドバイス

☑ タブレットで絵を描いたり、文章を書いたりできる子どもたちはデジタルで進めて、当日は画面共有をしてオンライン発表を同時に行います。画用紙や原稿用紙など、紙に書きたい子どもたちは、発表している様子を撮影してオンライン中継発表をすると、自分の学習スタイルに合った発表ができます。

> 応用編

88 思い出の写真でふりかえり

近年では、簡単な操作で画像編集ができるアプリが増えています。勤務校のアプリに画像編集アプリが入っている場合は、ぜひ、子どもたちと一緒に活用をしてみましょう。また、作品は画像データとして保存をしておくとさまざまな機会で振り返ることができます。年度末にアルバムづくりをするなど、次の活動へつなげることができます。

準備するもの
・タブレット　・画像編集アプリ

ふりかえりになる

直感的な操作ができるアプリがおすすめ

授業参観

89 交流学級の授業参観で個別発表
順番に成長したこと発表する

準備するもの
・発表に使う学習道具

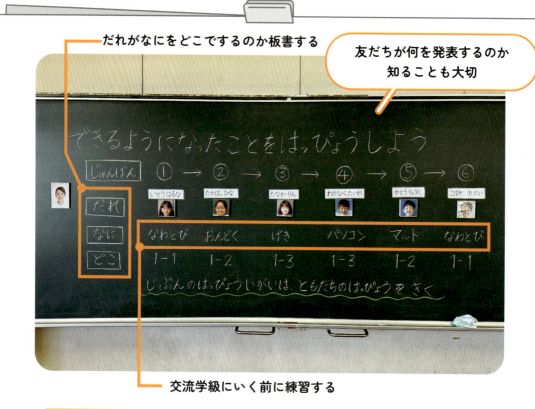

だれがなにをどこでするのか板書する

友だちが何を発表するのか知ることも大切

交流学級にいく前に練習する

困りごと ＆ アセスメント

Q 交流学級の授業参観に参加をしたいです。参加させてもらえるようにお願いしてもよいのでしょうか？

A もちろん大丈夫です。3月には、発表する授業参観も多く見かけます。事前学習を丁寧に進めて当日に臨みましょう。

実践の流れ

① 自分が発表することを決めます。
② 特別支援学級で授業参観や学年発表会を経験します。
③ 交流学級の授業参観に参加します。

いるかどり先生からのアドバイス

✓ 自分ができるようになったことを発表する機会を設定することは、子どもたちの自信につながるすてきな機会です。成功体験で終えることができるように、教職員で連携し、事前準備や子どもだけ発表会に参加をしたり、自学級で模擬発表をしてみたり、見通しをもって参加できるように配慮しましょう。

応用編

90 ビデオで発表

集団参加すると緊張してしまう子、教室の中に入ることが難しい子、病院に入院中の子など、当日に教室の前に立って参加することが難しい場合には、ビデオ撮影したものをスクリーンに映し出すことがおすすめです。離れていても、その場にいなくても、学級や学年の一員であることを実感することができます。一人ひとりの存在を大切にしましょう。

準備するもの　・スクリーン　・ビデオ

人前でしゃべれない子でも発表できる

ピカピカクリーン大作戦

91 清掃の意識を高める
清掃する場所みっけ

準備するもの　・ゴミ袋　・ほうき　・ちりとり　・軍手

計画を立てるところから
はじめる

掃除の必要性を
体感できる

学校の周りを
一周してみよう

困りごと ＆ アセスメント

Q 清掃の意識がもてるよう、校内の清掃活動と関連付けながら特別支援学級単体としても取り組んでいきたいです。

A 誰のために？　どこを？　頻度は？　など詳細を考える導入部分から子どもたちと一緒に企画をしていきましょう。

実践の流れ

❶ 子どもたちと一緒に校内を確認し、清掃の年間の計画を立てます。
❷ 季節や行事のあとなど、時期によって重点場所を決めます。
❸ 安全第一で年間を通して清掃活動をします。

いるかどり先生からのアドバイス

- 授業の中で清掃の意識を高める際には、「学校全体の清潔感を保つ」「地域の人に感謝される」など、清掃だけではなく、付加価値についても伝えていきましょう。
- 学期ごとに計画をする場合は、ステップアップしていけるように、段階的に指導内容を考えていきましょう。

応用編

92 教えて！ 技能員（用務員）さん

学校のことをよく知っている存在の一人として、技能員さん（用務員、事務員など）がいます。ぜひ、清掃方法などについて話を聞いてみましょう。清掃用具の収納場所や水道・ホースの位置など、みんなが使用しやすいように整頓ができるように、共通理解が大切になります。ゴミの捨て方やリサイクル方法などについて知ることも大切です。

準備するもの ・自学級と全体のそれぞれの清掃用具

ここは、ホースを使ってそうじをするよ！

ピカピカクリーン大作戦

93 リサイクル
ゴミの分別について知る

準備するもの　・自治体のゴミ袋

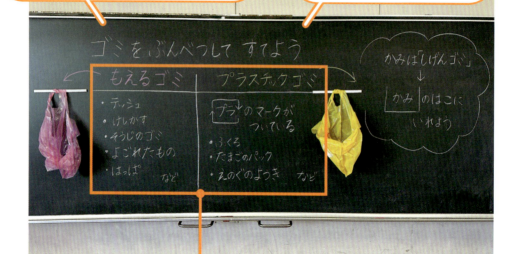

家だけでなく学校でも経験することでもっと成長できる！

ペットボトルはどっちかな

ゴミ捨てにルールがあることから学ぶ

困りごと ＆ アセスメント

Q ゴミの分別方法について指導をしたいですが、地域差があるときはどうしたらよいでしょうか？

A 子どもたちが住んでいる自治体のゴミの分別方法（使用するゴミ袋など）に合わせて指導していきましょう。

> 実践の流れ

① 自治体が作成したゴミの分別についての資料を読みます。
② ゴミ袋の色ごとの意味について知ります。
③ 実際にゴミを分別してみます。

いるかどり先生からの アドバイス

✓ 子どもたちは、将来、引っ越しをしたり、就職をしたり、様々な地域で生活することが予想されます。しかし、ゴミ袋の分別については、まずは、いま暮らしている自治体の決まりを守ることができるように伝えていきましょう。同時に、自治体にあるリサイクル可能場所などについても調べてみましょう。

応用編

94 分別にチャレンジ

家庭では、燃えるゴミやプラスチックなど、色ごとに指定されたゴミ袋を使用しますが、学校では、施設用ゴミ袋として透明のビニール袋を使用して分別せずにまとめて捨てる場合があります。家庭と学校で違うと混乱してしまう子がいる場合は、指定のゴミ袋の底に穴を開けてゴミ袋につけると習慣化しやすくなります。

準備するもの　・自治体のゴミ袋　・ゴミ箱　・透明ゴミ袋

ゴミ箱に
とうめいふくろを入れる
外側に指定色のふくろ
穴をあける

家庭に合わせられるようにする

ピカピカクリーン大作戦

95 用具の使い方
掃除用具に触れる

準備するもの: ・学校にある掃除用具　・実物がなければ写真

もつ場所にテープを貼ってもよい

いろいろな用具があるね！

用具は必要に応じて人数分用意する

困りごと ＆ アセスメント

Q さまざまな掃除用具について学習をしておくべきでしょうか？　必要最低限で大丈夫でしょうか？

A 子どもたちの実態にもよりますが、さまざまな道具に触れて経験できるのであれば、ぜひ、学習に取り入れてみましょう。

> **実践の流れ**

① 清掃用具について知ります。
② 清掃用具に触れ、使用方法について知ります。
③ 役割を決めて掃除をします。

いるかどり先生からの アドバイス

✓ 外用のほうき、室内用のほうき、ミニほうきなど、学校によって呼び方は様々だと思いますが、触れることのできる用具には、実際に触れて、使用してみて、体の使い方や用具の使い方など経験を積んでいきましょう。また、花壇の手入れなども含めると、ホースやジョウロ、スコップなども使えるようになると生活範囲が広がっていきます。

応用編

96 畑もきれいに

夏といえばたくさんの雑草、秋といえば一面に広がる落ち葉、自然と上手に付き合っていくためには、生活するスペースと自然を大切にするスペースを整えていくことが大切です。多くなりすぎた雑草は抜くなど、手入れをしましょう。落ち葉は集めて、図画工作に活用したり、肥料作りをしたり、活動を発展させていきましょう。

準備するもの ・ほうき ・ちりとり ・軍手

屋外も掃除が必要だと学べる

雑草を抜くときはアレルギーに気をつけよう

ピカピカクリーン大作戦

97 校内緑化計画
お花を植える美化活動

準備するもの　・種　・球根　・花壇　・土　・水

綺麗なお花が咲いたよ

きれいな花を咲かせる喜びを得られる

地域の人に喜んでもらう楽しさを知る

困りごと ＆ アセスメント

Q 掃除するだけでは、子どもたちが飽きてしまいます。活動を分けるアイデアはありますか？

A 授業の前半に清掃活動、後半に緑化活動を取り入れてみてはどうでしょう？　目に見えて満足感を得ることができます。

実践の流れ

❶ 授業を1時間もしくは2時間の中で活動を区切ります。
❷ 授業時間を分けることが難しい場合には、役割を決めます。
❸ 年間をかけて植物の世話をします。

いるかどり先生からのアドバイス

☑「ゴミがなくなった」「花が咲いた」など目で見てわかりやすい活動は、満足感を実感しやすいです。ずっと同じ場所ばかりを掃除していると、飽きてしまったり、終わりが見えなくなって不安になってしまったりすることが考えられます。ぜひ、植物を育てる活動を取り入れてみてください。

応用編

98 植えたお花を観察する

校内でスペースがあれば、園芸委員会（校内の花壇などで植物を育てる委員会活動）や理科の授業で使用する畑などのスペースを確保しつつ、自学級のスペースも確保できるように教職員で相談をしましょう。花壇を設置する場合には、お世話がしやすい、水はけがよい、たくさんの人の目に触れる場所がおすすめです。

準備するもの　・探検バック　・育てたお花

どんなお花が咲いたかな？

地域に出かける

99 居場所を広げる
公園を使ってみる

準備するもの ・水筒 ・探検バック ・帽子

遊具の危険な部分を確認するよ

困りごと ＆ アセスメント

Q 家・学校・放課後等デイサービスの３ヵ所で過ごすことが多いです。地域でも遊べることを知らせたいです。

A 子どもたちにとって身近で学校に近い場所から授業で取り扱っていきましょう。近隣の公園がおすすめです。

> **実践の流れ**

① 学区にある公園や普段使っている公園を確認します。
② 校外学習で公園に行き、危険箇所について知ります。
③ 遊ぶことは学ぶことであるため、必ずめあてを確認して遊びます。

いるかどり先生からの アドバイス

✓ 子どもたちは、休日や放課後に、学区の中でも、自分の住んでいる家の近くの公園に行くことが多いと思います。そのため、授業で取り扱う際には、公園を一箇所に限定せず、年間をかけて散策できるようにしましょう。実際に公園で遊ぶ（学ぶ）際には、遊具の危険箇所についても確認をしましょう。

応用編

100 覚えた知識で遊ぶ

公園には、自然でできた学習教材がたくさんあります。砂場では、たくさんの砂を使って、文字や絵を模写したり、道具を使わずに穴を掘って山にしてみたり、手指の運動になります。ブランコでは、数を数えたり（算数）、乗りながら教師を見つけてみたり（眼球運動）乗りながら意識できるように声をかけながら遊び（学習）を展開しましょう。

準備するもの ・公園の遊具

習ったひらがなを砂場で書いたよ

地域に出かける

101 交通ルール
横断歩道のルールを知る

準備するもの　・校外学習で必要なもの

- 当たり前のことを繰り返し学ぶことが大事
- 遠回りになるけど安全第一
- 実地で学んで覚える

困りごと ＆ アセスメント

Q 横断歩道など、交通ルールを学びたいので、地域で学習することも可能でしょうか？

A 学校の職員配置などを確認しながら、地域に出かけてみましょう。目的地までに横断歩道があるルートにしましょう。

> 実践の流れ

❶ 目的地までのルートを確認します。
❷ 横断歩道や信号の意味を学習します。
❸ 実際に歩きながら確認をします。

いるかどり先生からの アドバイス

✓ ルールを覚えていても、慌てているときには危険な行動をとってしまうことが予想できます。そのため、交通ルールなどは、年間をかけて繰り返し伝えていきましょう。大人にとっては、当たり前のように守っている交通ルールですが、子どもたちにとっては初めてのことも多いので、丁寧に進めましょう。

応用編

102 信号機の色でストップゲーム

信号機の黄色の場合、臨機応変な判断力が必要となるので、室内でロールプレイをするなどして学習を進めていきましょう。横断歩道を歩いている途中に信号が黄色へと変わったときに、「黄色信号になったね。もうすぐ赤になるよ。近い場所に向かって歩いてね」と慌てず、走らず、行動できるように声かけをしていきましょう。

準備するもの:
・ダンボール　・画用紙
・カラーセロハン　・ライト

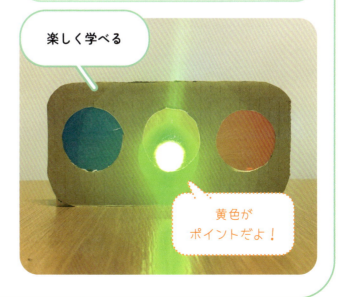

楽しく学べる

黄色がポイントだよ！

地域に出かける

103 自動販売機
自動販売機で飲み物を買う

準備するもの　・120円など現金　・財布

- 水分補給の重要性を知る！
- お金はどこに入れるかな？
- 買い物学習は重要！

困りごと & アセスメント

Q 自動販売機やコンビニなどが身近になりましたが、使用方法は指導すべきでしょうか？

A 公園に行くコースの途中に自動販売機の買い物学習を入れるなど、単元計画を組んでみましょう。

実践の流れ

① 自動販売機で飲み物が買えることを知ります。
② お金を数えて、自動販売機に入れます。
③ 学校の教室や公園のベンチなどで水分補給をします。

いるかどり先生からのアドバイス

- お金を使った学習は、保護者の理解と協力が不可欠ですので、単元計画をしたときから説明や相談をしましょう。
- 自動販売機は、日常の活用だけでなく災害時や緊急時に水分補給をすることができるツールでもあります。災害時の使用方法も併せて学習を進めましょう。

応用編

104 お金をぴったりだす

買い物をするときには、購入したい商品の価格と同じ金額を「ぴったり」出すこと、もしくは、商品の価格よりも多い金額を出しておつりをもらうことを理解することが大切です。小銭やお札をどのように組み合わせて出すと「ぴったり」になるのかを算数と関連付けながら学習を進めていきましょう。小銭を持つ指先のコントロールも大切です。

準備するもの
・お金の教材
・値段の書いてあるプリント

ピッタリに出してみよう

地域に出かける

105 買い物
買い物体験

準備するもの　・水筒　・手提げ袋　・財布　・お金　・計算シート

流れを示す

どうやって買い物をするのかな？

継続してやることが大事！

困りごと ＆ アセスメント

Q 近隣のスーパーに買い物に行きたいですが、どのように進めればよいのでしょうか？

A まずは管理職の許可、そして、スーパーへの挨拶、許可をもらいます。その後、子どもたちや保護者に相談をしましょう。

> 実践の流れ

1. 学年で相談をし、管理職に相談・許可をもらいます。
2. スーパーに許可をもらい活動場所を下見して確認します。
3. 単元計画に校外での買い物学習を入れて、子どもたちと学習を進めます。

いるかどり先生からのアドバイス

✓ スーパーや福祉施設、公民館や図書館など、地域には、活用したい場所がたくさんあります。将来地域で生きていく子どもたちの社会が広がっていくように学習に取り入れていくことはとてもすてきなことです。必ず、事前の挨拶、事後のお礼など感謝の気持ちを忘れずに連携をしていきましょう。

応用編

106 大事なお金のしまい方

「おつりをもらうのを忘れてしまった！」「レシートを忘れてしまった！」「買い物カゴはどこに置いておけばいいの？」など、買い物後の指導を忘れずにすることが大切です。子どもたちが将来自分で買い物をすることができるように、出発から帰宅までを安全に忘れ物なくできるように伝えていきましょう。

準備するもの ・財布 ・コインやおはじきなど

おつりとレシートを忘れずに

「ながら動作」に挑戦してみる

財布をあけつつコインを入れる動作を練習する

地域に出かける

107 園児との交流
年下の子と遊ぶ

準備するもの
・事前学習用ワークシート

おにいさんおねえさんになる経験で成長できる！

年長さん　　6年生

やさしい表情・声かけできるね！

困りごと ＆ アセスメント

Q 人間関係の形成やコミュニケーションを指導したいのですが他者との交流で失敗やトラブルにならないか心配です。

A 子どもたちの実態に応じて、学習目標や内容を決めることが大切です。「できること」を中心に交流をしましょう。

> **実践の流れ**

① 事前学習用ワークシートで交流会の内容を考え、役割を決めます。
② 教職員で連携をして、教師の役割や位置を決めます。
③ 交流会で、園児と交流をします。

いるかどり先生からの アドバイス

✓ 近年では、幼保小中の連携がより丁寧にされています。もしも、地域に児童発達支援センターなどがありましたら、ぜひ、交流を提案してみてください。今回の学習では、事後に子どもたちから、「大変だったけれど、嬉しかった！ またやりたい！」という声を聞けたときに、上級生として成長したなと感じました。

応用編

108 小学校の様子を園児に伝える

子どもたちにとって自分よりも年下の子たちをお世話することは、とても誇らしいことです。お世話をすることは大変だけど、頼ってもらえた経験のひとつひとつが上級生としての心を大きく成長させます。園児と交流をするときには、園児にとって負担にならない活動にしましょう。楽しい思い出で終え、小学生に憧れを抱けるようにしましょう。

準備するもの
・発表に必要な道具

歌とメッセージを発表します

年度末〜お祝いをする〜

109 お祝いをする
卒業生に向けて教室を飾る

準備するもの
- お花紙で作ったお花
- マスキングテープ ・両面テープ

- 6年生がいなくなることを単元として学び、理解を促す
- 6年生喜んでくれるかな
- 1ヵ月くらい前から飾り始める

困りごと & アセスメント

Q 6年生が卒業することを理解できない子がいます。卒業当日も形だけの参加になりそうで心配です。

A 黒板やロッカーなどは、他学年の授業でも使用すると思うので、廊下側の教室ドアを飾って卒業前からお祝いモードを演出しましょう。

実践の流れ

1. 飾る場所を相談します。
2. 利用頻度の高い場所を選びます。
3. お花紙でお花を作り飾ります。

いるかどり先生からのアドバイス

- 「卒業」とは何かを環境を通して理解します。学校の壁に貼るときには、マスキングテープを貼り、マスキングテープの上に両面テープを貼り、両面テープにお花紙を貼ると、剥がれにくい接着面を作ることができ、壁も傷つけないのでおすすめです。ドアの周りに飾るときには、開閉がスムーズにできるように位置を調整しましょう。

応用編

110 お花紙でお花を作る

お花紙は、やわらかく、強く引っ張ると破けてしまいますが、さまざまな色があって、お祝いの雰囲気を出してくれます。アーチに使ったり、行事の立て看板に使ったり、大活躍です。子どもたちと一緒に取り組む場合には、簡単におることができるツールもあるので、実態に合わせてホチキス役や広げる役など役割を決めて取り組みましょう。

準備するもの：・お花紙　・ホチキス　・ハサミ

両側面を丸く切ると花びらになるよ

年度末〜お祝いをする〜

111 思い出を作る
巨大パズルをプレゼント

準備するもの　・画用紙　・色鉛筆　・テープ　・マグネット

巨大パズルを作ったよ

人にプレゼントする経験を積める！

作るプロセスも楽しい

困りごと & アセスメント

Q 6年生へのプレゼントにもなって、みんなで遊べるようなアイデアはありますか？

A 巨大パズルがおすすめです。みんなで描くところから始めて、遊べて、飾ることができます。

> 実践の流れ

① 巨大パズルの絵を描きます。
② 制限時間や回数などを決めます。
③ 6年生と一緒に楽しみます。

いるかどり先生からのアドバイス

✓ 画用紙であれば、完成したときのパズルのサイズを調整することができます。子どもたちの実態に合わせて画用紙の枚数を決めましょう。画用紙と画用紙のつなぎめの部分に絵を描くようにするとパズルとして楽しみやすくなります。メッセージや思い出のシーン、その年に流行ったものなどを描きましょう。

応用編

112 せんせいで大根抜き

一緒に遊ぶことができること、一緒に楽しむことができること、それは、とても素晴らしいことです。安心できる教室、安心できる仲間たちに囲まれてひとつでも多くの思い出が残るように、計画をしていきましょう。すてきな思い出が、心のエネルギーとなって、成長の糧になります。教師も一緒に楽しんで盛り上げていきましょう。

準備するもの ・先生も一緒にゲームを楽しむ心

スキンシップの思い出ができる！

先生を自分のエリアまで運ぼう

年度末～お祝いをする～

113 思い出を作る
自分なりに送る会に参加する

準備するもの　・行事のしおり

安心して参加できる！

自分に合った方法で参加しよう！

実際に参加するだけでなく2階席から参加する、オンラインで視聴するなど、自分に合った方法でOK！

困りごと ＆ アセスメント

Q 行事に参加するときには、必ず集団の中で参加をしなければなりませんか？

A 学校の方針もあると思いますが、まずは、本人や保護者の願いを聞き、参加方法を検討していきましょう。

実践の流れ

❶ 子どもたちと一緒に参加方法を考える。
❷ 自分の参加する方法を相談する。
❸ 当日は、お祝いの気持ちをもって参加をする。

いるかどり先生からのアドバイス

✓ 年間を通して言えることですが、行事に参加するときには、子どもたちの実態に合わせて、「交流学級で参加をする」「特別支援学級で参加をする」「教師と一緒に参加する」「オンラインで参加をする」など、参加の方法を考えましょう。子どもたちの願いを聞くことが大切です。

応用編

114 色紙をプレゼント

お世話になった6年生との思い出は何があるでしょう。登校班で守ってくれたこと、行事でリードしてくれたこと、一緒に学校探検に行ったこと、休み時間に遊んだこと、たくさんの思い出を振り返ることができるように、教師は具体的に活動内容や子どもたちの関わりのあった場面を思い出せるような声かけをしていきましょう。

準備するもの ・色紙 ・色ペン ・色鉛筆

寄せ書きができなければ一人一枚描く

一番の思い出を書こうね

年度末〜次年度に向けてレベルアップする〜

115 新年度に向けて 進級マインドセットづくり

準備するもの：・新年度に向けた飾り　・厚紙　・お花紙　・マグネット

あと1ヵ月くらいで進級だよ

自分が進級することを前もって理解できるようになる

困りごと & アセスメント

Q 来年度は誰が担任になるか分からないので、生活単元は3月までの内容で計画すればいいですか？

A 子どもたちの成長や学校生活は続きます。4月を見通せる活動を前もって取り入れて安心感や期待感を高めましょう。

実践の流れ

1. 進級の1ヵ月前くらいにお祝いや期待のメッセージを考えます。
2. 厚紙に印刷した文字を切って作成します。
3. お花紙を周りにつけて完成です。

いるかどり先生からのアドバイス

✓ 子どもたちと一緒に入学や進級をお祝いできるように飾りを作っていくことで、次年度への気持ちを高めていくことができます。クラス替えや新担任など、寂しさや不安があって当たり前ですが、前向きな気持ちや成長する嬉しさをたくさん感じることができるように、笑顔と前向きな声かけをしましょう。

応用編

116 小さいお花紙でお花を作る

市販されているお花紙のサイズを四等分にします。お花の作り方は通常サイズと同じ手順となりますが、サイズが小さくなった分、折ったり、広げたりすることが難しいので、指の滑り止めや濡らしたキッチンペーパーなどを置いてお花紙をつまみやすくしましょう。お花紙を重ねる量が多すぎると開けなくなるので、適度に調整をしましょう。

準備するもの：・お花紙　・ホチキス　・ハサミ

小さくなるだけで雰囲気が変わる！

年度末～次年度に向けてレベルアップする～

117 歓迎の壁面製作
ウェルカムボードづくり

準備するもの　・画用紙　・ハサミ　・のり　・マグネット

自分の進級も意識できる

製作を通じて新入生が入ってくることを理解できる

後ろの黒板もかわいくしよう

困りごと ＆ アセスメント

Q 新1年生のためにどこまで準備を進めればよいのかわかりません。

A 新1年生の名前を発表することはできませんが、新しい机を運んだり、プレゼントを作ったりできます。

実践の流れ

1. 壁面製作をします。
2. 歓迎メダルを作ります。
3. 座席にプレゼントを置いて新担任に引き継ぎます。

いるかどり先生からの アドバイス

✓ 年度末は人事異動の発表もあり、どこまで新年度準備を進めればよいのか悩みますよね。在校生の子どもたちと一緒に、可能な範囲で進めておくと、新担任や4月に新学年になった在校生達が安心して新年度をスタートするためのきっかけになるかもしれません。壁面製作やプレゼントづくりがおすすめです。

応用編

118 歓迎のメダルづくり

新年度になると、新しい担任、新しいクラスメイト、新しい交流学級、新しい教室など、新しいことでいっぱいで、ドキドキする時間が増えてしまいます。3月中にできることは、進めておくことで、4月に少しでもゆとりをもって過ごせるようにしていきましょう。新1年生がいなくても、プレゼントを渡し合える活動をすると心があたたまります。

準備するもの：・折り紙　・リボン

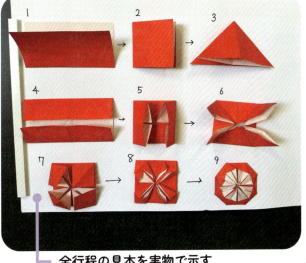

全行程の見本を実物で示す

年度末〜次年度に向けてレベルアップする〜

119 次年度への見通しをもつ
次の学年にレベルアップ大作戦

準備するもの　・カレンダー　・階段表　・残り日数カード

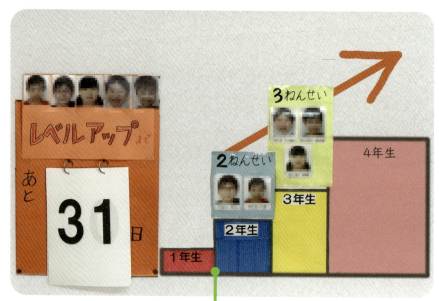

学年色で階段状にすることで「学年が上がる＝レベルアップ」とイメージしやすく提示する。

困りごと & アセスメント

Q 年度末、次の学年になることが不安な児童がいます。どうしたら不安が軽くなるでしょうか。

A 見通しをもつことが安心へとつながります。学年が上がることや変化する環境について視覚的に説明しましょう。

実践の流れ

1. 階段表を使って学年が上がることをイメージします。
2. カレンダーで今年度があと何日あるか確認します。
3. 新学級・新担任・新友だちは4月に分かることを知ります。

いるかどり先生からのアドバイス

- 学年が変わること、成長することは素敵なことです。進級することがプラスのイメージに変えられるよう、前向きな気持ちで取り組めるような言葉掛けをしましょう。
- レベルアップするため、残りの日数で毎日取り組む目標を決め、クリアしたらカレンダーにシールを貼りましょう。頑張りを視覚化することで、モチベーション向上も狙えます。

応用編

120 目標をクリアして進級チケットをゲット！

毎日目標をクリアし、シールや花丸がついたカレンダーは子どもたちの頑張りの証です。修了式の日に、それとチケットを交換することで、「チケットを貰う＝レベルアップ完了！」と、ミッションを頑張った達成感と進級を心待ちにする姿につなげることができました。チケットには、切り取り線があり、ちぎって渡す様子が本物のようで盛り上がりました。

準備するもの
・チケットのようにデザインした画用紙（切り取り線あり）

新年度、新しい教室を確認した後、チケットをもぎる

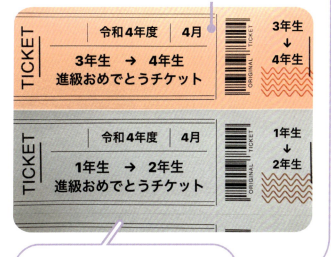

新学年への期待がふくらむ！

おわりに
オーダーメイドの学びを作りあげましょう

　本書を読んでくださり、誠にありがとうございました。本書のアイデアを実践したり、アレンジしたり、子どもたちの実態に合わせて計画し、子どもたちと相談をしながら題材を決定し、生活単元学習の授業を楽しんでください。

　あなたの頭の中にある文章化されていない「子どもたちの情報」にアイデアをプラスすることで、オーダーメイドの学びを提供することができます。子どもたち一人ひとりが活躍でき、学級全体で達成感・満足感を味わうことができる生活単元学習を目指していきましょう。

　最後に、本書の製作にあたってご協力いただいた空に架かる橋Ｉメンバーの皆様、出版にご尽力いただいた時事通信出版局の大久保 昌彦様、深く感謝申し上げます。

　すべては子どもたちのために

　学び続けることのできる「あなた」に出会えた子どもたちは幸せです。これからも、同じ時代に生き、共に学び続けていきましょう。引き続きよろしくお願いいたします。

いるかどり

■ 本書の製作に当たりたくさんの人に協力を頂きました。感謝申し上げます。

事例・教材アイデア提供者（事例番号）

　空に架かる橋Ｉメンバー

　埼玉県和光市立白子小学校 教諭 奥山 俊志哉 先生（１９・２０）

　県立特別支援学校 教諭 滝澤 健 先生 （４５・４６・７９・８０）

　甲府市立国母小学校 教諭 武井 恒 先生 （４７・４８）

　公立小学校 教諭 keika 先生（５１・５２）

　元公立小学校 教諭 山本 晃叶 先生（１１９・１２０）

撮影協力

　Knot a smile , Riona 先生 , さあちゃん , tsuki 先生

おわりにのおわりに

いるかどり先生直伝！ 生活単元学習の授業づくりのチェックポイント

① 実際の生活から発展し、児童生徒の興味や関心、生活年齢、心身の発達などに合ったものですか？

② 知識・技能や生活上望ましい習慣・態度の形成を図るものであり、身につけたことが実際の生活にいかされる内容ですか？

③ 子どもたちが目標をもち、見通しをもって活動に積極的に取り組み、目標意識や課題意識を育める内容ですか？

④ 子どもたち一人ひとりが自己の力を発揮し、取り組むことができますか？

⑤ 集団全体が単元の活動に共同して取り組めるものですか？

⑥ 個別目標の達成に向けて必要な授業時数を設定していますか？

⑦ 子どもたちが多種多様な経験ができるように、豊かな内容を含む活動ですか？

⑧ 安心できる環境で、主体的に参加できる活動ですか？

⑨ 「活動を楽しむ」だけではなく、各教科等の内容との関連を意識していますか？

⑩ あなた自身が生活単元学習を楽しんでいますか？

いるかどり

プロフィール
特別支援教育コーディネーター
空に架かる橋Ｉコミュニティ代表
幼稚園教諭　小学校教諭　学校心理士

好きな食べ物は、たこやき。
好きな色は、ゆったりと浮かぶ真っ白な雲と青空の色。
オリジナル教材「教材データ集 ver.2024.STAR」や「SUCTORY サクトリー」を作成・提供している。
全国で講演会や特別支援教育教材展示会を主催。
Instagramフォロワー約４万人
講師依頼はこちら
空に架かる橋Ｉホームページ
https://irukadori.jp

　　ホームページ　　　　Instagram

教えているかどり先生！②
特別支援教育の生活単元学習
子どもがワクワク学ぶ教材＆活動アイデア図鑑120

2025年1月5日　初版発行

著　　者：いるかどり
発　行　者：花野井道郎
発　行　所：株式会社時事通信出版局
発　　売：株式会社時事通信社
　　　　〒104-8178　東京都中央区銀座5-15-8
　　　　電話03（5565）2155
　　　　https://bookpub.jiji.com/
デザイン／DTP　株式会社アクティナワークス
印刷／製本　TOPPANクロレ株式会社
編集担当　大久保昌彦

©Irukadori
ISBN978-4-7887-2001-5　C0037　Printed in Japan
落丁・乱丁はお取り替えいたします。定価はカバーに表記してあります。
★本書のご感想をお寄せください。宛先は mbook@book.jiji.com
本書のコピー、スキャン、デジタル化など、無許可で複製することは、法令に規定された例外を除き固く禁じられています。